写真と図解　実践! 今すぐできる

古武術で蘇えるカラダ

監修　甲野善紀

文　庫

宝島社

写真と図解　実践！今すぐできる

古武術で蘇えるカラダ

文庫版刊行にあたって

松聲館　甲野善紀

　本書の原本となった『古武術で蘇えるカラダ』が刊行されてから一年の間に、古武術とか、ナンバという左右同側の手足が同時に同方向へ動く動きについて解説した本が次々と出版されはじめ、私が関わる分野と私に関心を持たれる人の数が一気に増大した。例えば、スポーツ界ではさらにジャンルが拡がり、介護の世界からの関心は、かなり切迫したものがある。また、和洋の音楽界から、舞踏ダンスの世界、変わったところではＪＡＸＡ（宇宙航空研究開発機構）からも関心を持って頂いている。

　また、「ナンバ」という左右同側の手足が同方向に動くという歩法が、かつての日本人の歩き方として広く知れ渡り、これが腰痛の改善と予防に役立つという認識が、スポーツ界のみならず、広く世間一般の人々にも広まりつつあるようだ。

　ただ、念のため述べておくが、昔の日本人の歩き方を「ナンバ」と呼ぶようになったのは、ごく近代になってからであり、昔は日常当然の歩き方にわざわざ名前など付いていなかったと思われる。江戸時代、ナンバというのは、歌舞伎の六法の踏み方のひとつで、左右同側の手足を大仰に振り上げる所作と、それに類した動きの名称であったようである。したがって、「ナンバ歩きが昔の日本人の歩き方である」と称するのは、本来は適切ではないのだが、現在これほどまでに〝ナンバ〟という名称が、昔の日本人の歩き方として知られてしまった以上、これに異を唱えるのもどうかと思うので、私も、ナンバ、すなわち昔の日本人の歩き方、という説明をいまさら拒否はしないが、この名称が昔からのものではないことは、一言付け加えさせて頂きたい。

このことは、ちょうど「いっしょうけいめい」という四文字熟語を、現代では「一生懸命」と書くことがほとんどで、本来の「一所懸命」と書くと、何やら嫌味な感じがしてくるという事情と、やや似ているところがあるかもしれない。

言葉というものは時代と共に自然と変化するものであり、それを目くじら立てて言い立てるのも、あまり見よい姿ではないと思う。

ここで、もし異を唱えるのならば、本来は単なる方法論のひとつに過ぎない科学による分析や解明が、現代ではほとんどかつての宗教にかわる権威を持っていることから生じる様々な不具合について論議し、現在の科学第一主義から、もっと人間の感覚というものを受け入れる学問、システムをつくるような運動を起こしたいと思っている。

そして、そのこととも関連するが、現在の少年少女が取り組んでいる様々なスポーツの現場で、真面目にスポーツに取り組もうとしている彼ら彼女らが、いまだに大人の指導者達から罵詈雑言を浴びせ続けられながら練習をしているという、目を覆いたくなるような現実を是非なんとかしたいと思っている。

私は別に厳しくすることが悪いとは思っていない。その時々の状況によっては、叩くことがあってもいいと思う。しかし、現在の少年スポーツの現場における八割以上は、指導者である大人の仕事のストレスの発散と、支配欲を満足させるための理不尽な行為がまかり通っているとしか思えない。このことは、私と縁が出来たプロ野球の桑田真澄投手の嘆くところでもある。桑田投手が、何度か私との稽古をキャンセルしても、ボランティアの少年野球の指導に出向いたのは、桑田氏自身、見るに耐えない暴虐的野球指導を何とかしたいと思っているからのようである。

少年少女にスポーツを行なわせるのは、それに夢中になることで、様々な状況下での心身の使い方を体験し、将来、社会に出た時、どういう行動をとればいいかを、体を通して学ぶという意味が第一であろう。そのためには、彼ら、彼女らの努力や判断力、研究心が向上するように努めるのが、指導者のとるべき道であろう。

しかし、その最も根本的な指導理念には程遠い支配欲や賭博的興味で、少年少女のスポーツ指導をしている大人が残念ながらきわめて多いのである。そして、「残念ながら」という言葉も発する気にならないほど、そうしたことについては文部省も教育委員会もきわめて反応が鈍い。そうとなれば、ここは、子や孫を持つ多くの保護者の方々に、「いっしょうけんめい練習に取り組む自分の子や孫が、理不尽な罵詈雑言を浴びておかしいと思いませんか」と訴えかけるしかないような気がする。

なかには、「辛いけれども、やはりしっかりと基礎を身につける必要があるから」と我慢をされている方もあるかと思う。しかし、そのような我慢をされる必要はない。なぜならば、現在普及しているスポーツの指導法は、どうも根本的に間違っていると思えるからである。というのも、介護やスポーツで、私の方法を楽しく学んだ人々が、それまでの権威的・常識的な体の使い方よりも、遥かに有効で楽な動きを身につけられてきているからである。これは、ちょうど本書のなかでも触れた、ヨットが単純な帆かけ風と違い、向かい風をも利用出来ることに気付けるかどうかの違いとも言える。

身体というのは、まだまだ謎が多く、とてものこと、ついここ数十年の間でつくられてきた、今主流となっているトレーニング法やスポーツ科学の手に負えるようなものではない。第一、考えてもみて頂きたい。オリンピックやプロ野球で活躍する花形選手の多くが腰痛やら様々な故障を抱えているではないか。その一事をもってしても現代のトレーニング法には疑問があると言えるだろう。ただ、このような問題があっても、それらのトレーニング法が世の中に受け入れられているのは、そこに何がしかの「科学的」という説明をつけることでもっともらしく見えてくるからであろう。ここにも人間の感覚を軽視し排除しようとした〝科学〟の大罪がある。

私としては、本書によって、このような現状を憂い、人間の感覚の本質的復権について本気で考えようとされる方が一人でも出てきて下さることを心から祈っている。

現代スポーツにも応用できる、驚きの身体操法をここに開示

古武術の実践法をこの一冊に凝縮

古武術に秘められた驚くべき可能性。
それは、武術の修練を積んだ、2002年の桑田投手の復活で証明済みだ。
本書では、古武術の術理・技・発想法の解剖所見を写真と図解を用いて公開する。
目覚めはじめる、未知の身体感覚に耳を澄ませてほしい。

実践！ 今すぐできる 古武術で蘇えるカラダ 目次

文庫版刊行にあたって……5

現代スポーツにおける古武術の可能性
革新的身体操法へのまなざし
——まえがきにかえて　甲野善紀……15

Part 1 対談
養老孟司（解剖学者）×甲野善紀
現代人よ、失われゆく身体を取り戻せ！
身体の〝再発見〟を目指して……24

「瞬速」～風の如く動く～

瞬時に真横に体を捌き攻撃をいなす
球技で敵をかわす「太刀奪り」 ……………… 40

膝を抜いて瞬時に対応する
初動が速くなる「逆手抜飛刀打」 ……………… 52

間髪を入れず次の動きをする
力の方向を上手く流してムダなく動く「下二方突」 ……… 68

片足を上げて動きを滞らせない
止める力を活かして威力を生み出す「下段抜き」 ……… 78

倒れるように曲がり減速を最小限に抑える
素速いターンで縫うように走る「ナンバ」 ……… 90

トップが認めた古武術の身体操法 ― 末續慎吾 選手
〝ナンバ走り〟のスプリンター、アジア人初の夢のタイムも間近 ……… 97

「剛力」～雪崩の如く制す

井桁の動きで相手を押し込む
うねらず滑らかに力が出る「左籠手留」……100

鉄塊のような重さを生み出す
競り合いで相手を崩す「浪之下」……108

力の支点を読ませずに力を出す
〝センサーモード〟の弱みをつく「抱え上げ」……128

分離した働きが相手を押し潰す
力を別々に作用させ、幻惑する「不動剣」……140

【困難な状況が精妙な技を育てる】……148

Part 2 対談
田上勝俊×甲野善紀
（二足歩行ロボット開発創始者）
武術の動きを発想転換のきっかけに！
日本のオリジナリティを追求する……154

◆自宅でできる古武術の動き
腰・膝への負担を軽くするバランスのいい歩き方……166
腰痛・膝痛を軽くする一本歯の高下駄で歩く……170
眠っている体の動きを呼び覚ましてリフレッシュ……174
体を横たえたまま行う身体調整法……178
受け身を覚えて武術の感覚をやしなう……182

心身を解き明かす〝武の技法〟
——あとがきにかえて 甲野善紀……186

イラスト内の矢印の見方

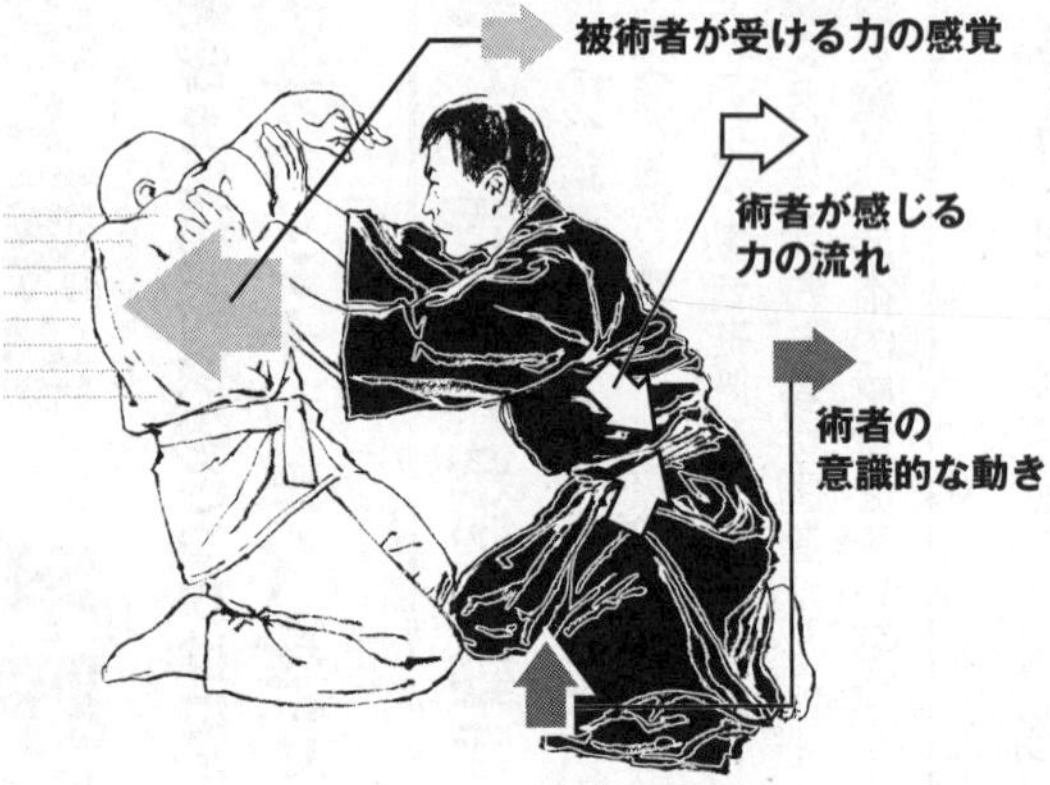

本書では、イラストを多用し、技の解説を行っている。イラスト内の矢印の見方を覚えると、術者の動き、被術者の受ける力をより簡単に理解することができる。

現代スポーツにおける
古武術の可能性

革新的身体操法へのまなざし

―まえがきにかえて―

◆◇武術的な体の使い方が私を離れて一人歩きを始めている

私の技は同時並列的に身体各部が働くように体を使うことを目指しているため、これを言葉だけで説明するのは難しいし、映像にした場合でも、見慣れていない人には、どのような構造で体が動いているか分かりづらいように思う（もちろん「百聞は一見に如かず」という言葉通り、映像は静止した絵や写真とは違った、非常に多くの情報は伝わるだろうが……）。

そこで、どうしたらより分かりやすく、具体的に私が言わんとしているところを伝えることが出来るだろうか、と随分前からいろいろ考えてきた。

今回、宝島社から、このような豊富な写真と図解を使った本の企画が持ち込まれた時、「これは一度試みてみる意味があるのではないか」と思い、この企画を引き受けたのである。

今回このような本を出すことになった背景には、時代の流れも少なからずある。

今から4年ほど前、私の動きをわずかに桐朋高校のバスケットボール部が取り入れ始めた頃、ある体育専門の大学生が、卒業論文のテーマとして現代的な走法とは異なった、私が研究実践していたいわゆる「ナンバ」の走法や体幹部をねじらない身体運用法を取り上げたいということで、私に連絡を取ってきたことがあった。しかし、そのテーマについて指導担当の大学教授に相談したところ、全く相手にしてもらえなかったとのことで、その大学生からの連絡は途絶えてしまった。それからわずか4年である。

　この本は陸上短距離の日本を代表するスプリンター、末續慎吾選手にもコメントを頂いたが、末續選手の例を見れば分かるように、ナンバとか体をねじらないといった身体の使い方は、すでに身体運用法のひとつのあり方として、誰が言ったとか誰々に習った、という物珍しさで語られる時期から独立して一人歩きを始めているようである。

　これはもう02年、巨人軍の桑田投手が私の影響

で投球フォームを変え、防御率のタイトルを取った時の社会の反応とは大きく変わってきたと言えるだろう。

02年は、その桑田投手の活躍で、「体をねじらず、タメのない投球フォームとはどういうことなのか？」という質問を受けて困惑したり、そうした質問自体を無視しているという少年野球やスポーツ・クラブの指導者の話もいくつか耳にして、苦笑いをしてしまった。しかし考えてみれば、そうした混乱は元を正せば私が作ったとも言えるわけで、これは責任上交通整理をしなければならないと思い、昨年の暮れ、一般向けの解説書に取り組み、今年のはじめに岩波書店から『古武術に学ぶ身体操法』を刊行した。

ただ、現代では文字を主とした情報媒体は敬遠される傾向が強く、更に字だけではなかなか伝えるのももどかしいので、この稿のはじめの方にも書いたように今回の企画を受けたのである。

桑田投手で思い出したが、今年03年の桑田投手は足首の捻挫もあり、シーズン前半のかなりの期間を二軍で過ごすことになってしまったが、この原因のひとつには桑田投手の真面目な性格もある。

どういうことかというと、桑田投手は、私と親しいある中国武術の優れた使い手に稽古法を学んだのだが、学んだ時に時間がとれなかったことで、細かな稽古上の注意点をよく学ばないうちシーズンが始まり、自分なりの方法でセッセと稽古を積んでしまったのである。そのため、ある種の力は以前よりずっと強くなったのだが、長年の間に染み込んでいた体をうねって使う癖が出てきてしまったのである。

そのため、うねる癖のついた投球では当然のように狙い打ちされやすく、調子を崩してしまった。その後、いろいろと私も修正に力を貸し、桑田投手自身も動きの問題点を自覚して、いま再構築中である。シーズン中のフォーム改変は大変なことだと思うが、研究熱心な桑田投手のこと、また新たな飛躍のきっかけを掴むだろうと楽しみにしている。

このことをみても明らかだが、武術の動きは現在一般化しているスポーツ等のトレーニング法とはかなり異質であり、安易に取り組むと、全てが中途半端になって、今までそれなりに持っていたものまで失うはめになってしまう。

そのことは、本書にもコメントを寄せて頂いた桐朋高校バスケットボール部の金田伸夫監督が、「武術を、ちょっとスポーツに応用しようと気楽な気持ちで取り組むと、えらいことになりますよ。私も取り入れてすぐに地獄を見ました」と述懐されているところにも現れていると思う。桑田投手も、01年当時、何度も挫折を繰り返し、体を捻らないようにして使うことを諦めかけていたところから、ようやく自分なりの投球フォームを創り出して成果を出したのである。

それにしても桑田投手が気の毒なのは、「ねじらない、ためない、うねらない」ということで、昨年は防御率のタイトルまで取ったベテランピッチャーであるのに、その研究を理解し協力する人物が、身近にはほとんど誰もいないらしいということである。成果さえ出せば周囲も黙るのだろうが、少しでも調子を落とせば「タメがない、うねりがない」と、いろいろ大変なようだ。まあ、プロ野球に限らず、何年も何十年もプロの世界や、アマチュアであっても日本を代表する現場で戦いぬいてきたスポーツマンの、自分を信じる思いというのは格別であろうが、出来れば今回のこの本を手にとって、全く頭を切り換えたところから動きを見直して頂ければ幸いである。

ただ私は、ことある毎に言っているが、私自身、今の私の動きをいいとは思っていない。もちろん、それなりの自信は確かにあるが、今よりも優れた術理や動きに出会えば、すぐにそれを取り入れ、脱皮していきたいと思っている。なにしろ古人の想像を絶するような精妙な動きに至るには、現在の私の動きや術理ではあまりにも程遠いからである。しかし、程遠いからといって稽古をやらないわけにはいかないので、古人に比べればお話にならないほど未熟であることは百も千も承知してはいるが、古人の業績を慕って、無い知恵を絞って研究工夫しながら稽古しているのである。

ただ、稽古を重ねるに従い、自らの動きの問題点と、「あれがクリアできればあそこがああなるだろう」といった感覚が育ってきて、私の感覚の中では古人の神技が決して単なるホラ話ではないことが、

ますます確信されてきているのである。それだけに私は日々、自信をもって稽古を行っているのではなく、常に「ああ、まだまだ駄目だ、ほど遠い」と嘆きつつ、古人に対して申し訳なさと罪悪感を抱きながら行っているのである。

このような私の稽古への取り組みは、おそらく、スポーツのトレーニング指導者と、全く違っているのではないかと思う。なんといってもスポーツ・トレーニングでは、指導者が自信をもって「これがいいのだ」と断言しなければ、多くの人はそのトレーニング法を取り入れようとは決して思わないだろうから……。

しかし、そこには大きな問題がある。確かに断言しなければ説得力はないかもしれないが、断言は視野を狭くし、更なる可能性を閉ざしてしまう。ある程度効果の上がる方法というのは、武術やスポーツに限らず、どの分野においても言えることだが、それなりの満足を与えてしまい、それが更に大きな成功や気づきに背を向ける最も大きな障害になってしまうからである。「小成は大成を妨げる最大の要素」と私が言うのは、このことを指している。

全く効果の無いことなら誰もやらないだろうが、そこそこ、あるいは相当に効果の上がること、そして、その方法の原理が理解しやすければ、人々はどうしてもそれに目が向かい、他のことが見えなくなってくる。そして、それが大組織の権威やら社会的知名度といった、人の心をくすぐる見栄で包装されていれば、それへの執着で深い沼に足をとられたような状況になってしまい、そこから抜け出られなくなってしまう。しかし、現代のように様々な分野で行き詰まりが現れている時代にあって、そうした見栄や体裁にこだわっていては、ますます我々に未来はなくなると思う。

今回多くの方々の御協力によって、このような形の本を出すことになったが、私が約30年の間、試行錯誤しながら行ってきた武術の研究の軌跡が、今回この本を通して様々な分野の方々の発想や価値観転換のキッカケのひとつにでもなれば、なによりうれしく思っている。

二〇〇三年七月

風の先　風の跡

甲野善紀

Part 1
対談

現代人よ、失われゆく身体を取り戻せ！

身体の〝再発見〟を目指して

情報化社会に生きる現代人は、今に至るまでに何を失ってしまったのか。「武術は身体観の歴史を研究する上で重要な主題である」と明言する解剖学者・養老孟司氏と「体を取り戻す」ことの重要性について語る。

養老孟司（解剖学者）×甲野善紀

養老孟司
1937年、神奈川県生まれ。北里大学教授、東京大学名誉教授。専門は解剖学。主著に『からだの見方』『唯脳論』『古武術の発見』(共著、甲野善紀)『バカの壁』など。

身体というシステムを情報化することの限界

甲野　最近は武術の動きが、さまざまな分野のスポーツ関係者から注目されるようになりました。ただ、その解明は難しいですよ。機械ならば一つひとつの動きについて検討ができますが、人間の体はブラックボックスです。外からは何が起きているのかつかみにくい。

例えば関節がほんの少し曲がるだけで力の方向が複雑に変わるので、同じ動きのように見えても、まったく違った

多くの人が自らの人生のなかで、体を通してしか説明できないことを経験していない。――養老

結果が出てきます。だから武術の技で〝常識〟を超えた現象が起こっても、従来の科学ではそのメカニズムについて説明することが非常に難しいのだと思います。

養老　そもそも科学の視点では人体をそうした複雑なシステムであるとはみなしません。

甲野　どうしてもバネのような単純なモデルに還元して考えようとしてしまうんですね。逆にそうしないと、人体はあまりにも要素が多すぎて研究対象にならない。スポーツ科学では人体が持つ多様な要素を切り落として、研究者が論文としてまとめやすい形にして手をつけている。これが大きな問題だと思います。

養老　私はそれを情報化と呼んでいます。ある面、「言語化」と言い換えてもいいかもしれない。科学はシステムを情報に変えていくという作業を続けてきました。あらゆるシステムを情報化して、単純化して記述する。それが論文ですね。

人体を情報化しようとする試みの典型例が遺伝子解析です。科学は、遺伝子の塩基配列を解析すれば人体の謎が解明されると考えた。しかし結局、甲野さんの技は説明できないわけです。常識で考えれば、不可能と思えることが、武術の動きを使うとできてしまう。これは人体という極めて情報化しづらい複雑なシステムが全体で動いているからに他なりません。

甲野　近代の科学は、ある限られた現象に対する答えは出せるものの、システム全体を理解しようとする作業がすっぽりと抜け落ちてしまった。

養老　そのとおりです。これはイカを知るためにスルメを作って観察するようなものです。実に多くの科学者がそれを続けてきました。「スルメを見ればイカが理解できるのだ」と主張してきた。確かにイカの足に吸盤がいくつあるのかは、スルメにすれば数えやすい。でも、それでイカがわかったことにはなりません。

答えの出ない問いを考え続けることの大切さ

養老　つまり、いくら部分を単純化して論文を書いても、システム全体を理解したことにはならないんです。全体を理解するには全体と向き合うしかない。甲野さんの取り組みは、まさに人体という複雑なシステムそのものを理解しようとする試みです。ただ、甲野さんの動きを活字にすることも、一種の情報化です。それでは伝わりにくいから、目の前で技を見せるしかない。すると、どうしても伝わる範囲が狭くなってしまいます。

甲野　目の前で見せても「受け手がグルなんじゃないか」と疑われるので、実際にその人に技を受けてもらいます。すると一人にしか伝わりません。それも、後でまわりから「あんなのは催眠術だ」とか「暗示だ」とかいう声が聞こえてきたり、受けた本人がそう考えようとして、体験自体を自分で疑いはじめる。

養老　多くの人が自らの人生のなかで、体を通してしか説明できないことを経験していない。だから甲野さんの技を理解できないし、信用できないのです。それは結局、全体のシステムを考えないで、情報にとらわれているからです。

甲野　みんなスルメでイカを語ろうとしているわけですね（笑）。

養老　そのとおりです。

でも〝スルメ〟の限界なんて、虫を捕っているだけでもわかります。いくら理屈で考えても虫は捕れない。やはり現場に行くしかないのです。絶対にいるはずだと思うところを探しても一匹も見つからない。そこが自然、つまり複雑なシステムのおもしろいところなんですがね。

甲野　私の技と同じですね。「どうしてだろう？」と考えても、正確にはなかなか説明できない。

養老　普通はそこで考えることを放棄してしまいます。人間は頭の中に答えの出ない問題を抱え込んでいると落ち着けません。だからとりあえず仮の答えを出して納得してしまう。そして、いつしかその答えを正解だと信じるようになります。

しかし、答えの出ない問題を抱え込んでいると、10年、20年経ったときに思わぬところから本当に自分が納得できる答えが出てくるものです。だからとくに若い人には「今理解できないからといって、簡単に問題を放り出すな」と言いたい。

甲野　気になった問題を気になったままで記憶しておくことが大切だというのは同感です。今、私が盛んに使っている、足を水平に上げる身体の使い方は、『願立剣術物語《がんりゅうけんじゅつものがたり》』という古武術書の中にある「薄氷を踏む如し」という言葉が元になっています。長年その体現方法がわからなかったのですが、昨年出会った中国武術の動きがヒントになって、その言葉が「なるべく足裏全体に体重をかけるように、足を水平に上げるという意味だったのではないか」と気づいたのです。

養老　そういう発見は問題を抱え続けなければ得られませんよ。しかし、学生に「水の入ったコップにインクを1滴たらしたら、インクが消えるのはどうしてだ？」と質問すると、彼らは「そういうものだと思っていました」と答える。これが一番いけません。「そういうものだ」と思った時点で、それ以上は考えない。これでは何かを新たに発見することなんて、絶対にできません。

常識を超えたスピードと威力を出せる動きを身につけた選手がいると「あいつは天才だ」で片づけてしまう。――甲野

甲野　与えられた情報に疑問を抱くとか、自分なりの切り口で分析してみるとか、そういう態度がまったく欠落しているんですよね。効率優先の教育の弊害でしょう。

情報化の営為で人間はイマジネーションを失った

養老　情報化、単純化だけで進んできた人は、システムも簡単に組めると思ってしまうが、実際はまったくできない。例えばSARSが発生したとき、発生場所や死亡率を調べようとします。しかし、SARSの国内侵入や伝染を防ぐにはどうするか、つまり防疫対策については、まったく並行して考えられません。患者がどう行動するか

イマジネーションを働かせて、防疫措置を用意し、二次災害、三次災害を防ぐ必要があるのです。しかし、SARSを情報化する発想はあるが、影響全体を俯瞰することができない。

部分部分を情報化することはできても、全体をイメージすることができないんですね。

甲野　武術で言えば、「自分はどう動くか」「相手をいかにして崩すか」という全体の動きについて、イメージがなければ技は生まれてきません。しかも、武術の動きは通常とはまったく異なるので、一般の人はそもそもイメージしづらい。そのため、現代スポーツには武術的な動きを高めるトレーニング法がない。そこで、たまたま独自に、常識を超えたスピードと威力を出せる動きを身につけた選手がいると「あいつは天才だ」で片づけてしまう。解明をあきらめてしまうんですね。

養老　何が起こっているかイメージできないから、それ以上、追究しない。

甲野　武術ではそうした体の使い方を、ある種の稽古体系やたとえを用いて、そのイメージで伝承してきました。しかし、近代になると、ウェイトやサーキットといった誰でも簡単に効果が出る西洋式〝合理的な〟トレーニング法が主流になっていった。いまでは、かつて素晴らしい技があったといっても、それは昔話や剣豪小説の世界だけの話で、大げさなホラ話だと決めつけられてしまいます。昔といまでは体の使い方の〝常識〟が逆転しているから、イメージできないんですね。もちろん、近代スポーツ理論は多くの成果を生み出しましたが、筋肉を鍛えることでパワーや速度を求めると必ず限界が訪れます。

養老　それは、現代人が体に対して、いかに偏見を持っているかを表しています。例えば医療でも、「とにかく痛くない方がいい」という傾向が強まっている。しかし、宗教をひもとくまでもなく、人間は古来から「苦痛にはなんらかの意味がある」と考えてきた。そう言わなければ痛みを感じている人は救われません。価値のないものを抱えた上に、苦しいのだから、まさに踏んだり蹴ったりです。しまいには「お産まで痛くないのがいい」と言い出した。

甲野　頭で考えるだけで、体のことを忘れてしまっているんですね。

体を使うことの大切さを忘れてしまった現代人

甲野　それだけ現代はバーチャル化してきたということでしょう。都会人は自分が住んでいるところでさえ、太陽がどちらから昇るかわからないくらいですから。

養老　身体のことを考えなくなったのは、「都市と田舎」の問題と完全にパラレルです。都会は頭で、体は田舎。言い換えれば、頭だけでやっていけるところが都会、体がないとやっていけないところが田舎です。だから私は参勤交代が必要だと言っているのです（笑）。

甲野　どういうことですか？

養老　都会に暮らす人を強制的に3カ月ほど田舎に送り込む。これを国民の義務として行うのです。そして、田舎では便利な機械の使用を全面的に禁止する。

甲野　いまは、林業の下草刈りの人手がいないので、里山が荒れてきていますから、そういう人たちに草刈りをやってもらうといいですね。草刈機なんか使わずに砥石で鎌を研ぎながら

「一生楽できればいい」と本気で思っているのでしょうか。そんな人生、少しも面白くない。――養老

（笑）。

養老　とにかく全部、人力。自分がいかに体を使わない生活をしていたかがすぐにわかりますよ。私も虫を捕りに山に入って、2日もするとはっきりと食欲が増すのが実感できます。まず行くべきは永田町の人たちでしょう。それから霞ヶ関と大手町の会社は、とくに参勤交代を徹底してやらせなければならない（笑）。

甲野　スポーツや武道じゃなくても、自分の身体を使うことが重要だと思います。私は職人の仕事など、モノづくりも体育に入れるべきだといっているのです。

養老　体を使うとすごく精神が安定します。私の場合は虫を捕ることですが、そこには

政治も損得も一切ない。すると世の中と一定の距離を保つことができる。私は忙しい毎日を送っていますが「帰って虫でもいじろう」と考えるから、耐えることができていると思います。

甲野　私にとって養老先生の昆虫研究のように没頭できるものは、手裏剣です。初めてお会いしたときの剣の長さは、もっと短かくて、14センチくらいでしたが、10年かかって全長19センチになり、打てる距離も昔は夢だった10間（約18メートル）も届くようになりました。

太さと長さの比と重心の位置の関係が実に微妙なんです。これを調節して、いかに回転させずに打つかということを研究してきたのですが、これがついり最近、剣の長さを6ミリほど伸ばし、今の長さになりました。このことが、私にとっては大事件なんです。関係のない人にとってはどうでもいいことなんでしょうけど（笑）。手裏剣について考え出すと、

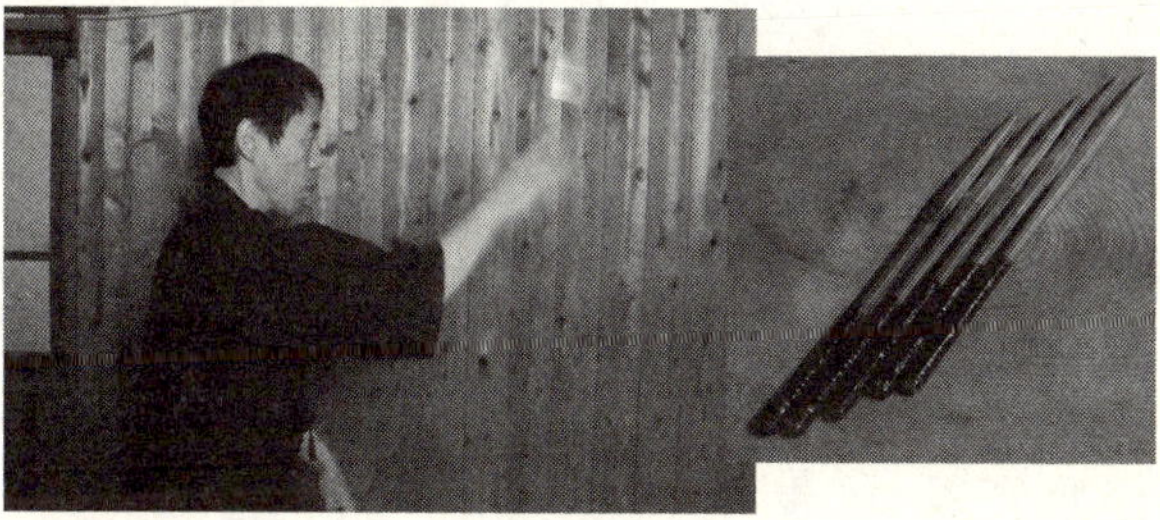

甲野氏の手裏剣術。重心を沈み込ませ、腰をねじらずに腕をまっすぐ振り下ろす。手首のスナップは使わない。手から離れた直後、剣先は上に向けており、各距離に応じて剣先を下げて的に刺す。

翌日早く起きなければならなくても、朝方近くまで剣を見つめて頭の中でいろいろ剣の改良点の工夫などを考え込んでしまうこともあります。

他の人にはくだらないことかもしれませんが、実際にそのことに没頭して試行錯誤していると、思わぬ発見が多々あります。それに、利害を離れて熱中できる事柄について深く考えたことは、違う分野でも役に立ちますね。

しかし、最近の社会風潮では、趣味が自分を飾るためのアクセサリーにすぎなくなってきているように思います。

養老　動機不純はいけません（笑）。それにしても現代は、多くの人が体を使うことの大切さを見失っています。わずらわしい人間関係のなかで、頭ばかりを使っているからなんでしょうか。

女性は家事で体を動かしているので、まだ元気です。それに比べて講演会のときでも、不機嫌な顔で何か文句を言ってやろうと待ちかまえているのは、大抵、男の年寄り。私の話を聞く時間があるなら、少しは体を動かせと言いたい（笑）。

人間らしさは身体に宿っている

甲野　現代人は、単に便利さだけを追求するあまり、自分を壊してしまっていると思います。以前ならば、同じことでも場が変われば気分も変わるという例に、「普段は面倒くさい家事も、キャンプに行って薪を燃やしたり、炊事をするのは楽しいでしょう」と言うことができた。でも、最近はこのたとえすら通用しなくなってきました。体を使う喜びを共感できないんですね。

養老　そういう人は「一生楽できればいい」と本気で思っているのでしょうか。そんな人生、少しも面白くない。

甲野　人間は動物ですから、もし「動くな」と言われると、つらくて仕方がないはずですけどね。

養老　「欲しいものは何でもあげるから、ずっとこの部屋にいなさい」と閉じこめれば、少しはわかるかもしれない（笑）。

いまの人は頭で考えた自分が本当の自分だと思っていて、個体としての自分を見失っているんです。私は、よく若い人に「ここに座っているお前しか、お前はいないんだから」と言います。「将来社長になるお前なんかいない。途中で死んだらどうするんだ」と。

現代人が、自然そのものである体を失っています。最近、とくに根本的な価値観があらゆる場面でおかしくなっているのは、そのせいでしょう。

甲野　だからこそ、いま、そのバランスを取り戻す必要があると思います。

養老　その意味で、古武術が注目されるのは当然だと思います。甲野さんと最初にお会いした10年前と比べると、猛烈な勢いで盛んになってきましたが、そもそもこれが流行しないほうがおかしい。

「心身」という以上、体は人間の半分です。その半分のウェイトが非常に軽くなってきた。私たちはこのあたりで体を取り戻すことの重要性に気づかなければならないのです。今後、甲野さんの取り組まれている古武術に、ますますスポットが当たるのは間違いないでしょう。

取材協力／小田急百貨店 新宿店 なだ万賓館

「瞬速」
～風の如く動く～

体のうねりを排した武術の動きは、
現代スポーツの常識を覆す速度を帯びている。
この章で紹介する、剣術、抜刀術、杖術に秘められた
「速さ」の原理を理解すれば、
各種スポーツ関係者も、その「速さ」に対する認識が変わるだろう。

瞬時に真横に体を捌《さば》き攻撃をいなす

球技で敵をかわす

太《た》刀《ち》奪《ど》り

左右に素速く動くとき、現代スポーツのようにつま先で地面を蹴ると、体がうねるせいで、相手に動きを読まれるし、始動にも時間がかかる。武術の動きを取り入れれば、より気配なく、瞬時に、体ごと、滑るように動くことができる。

◆面への一刀を体全体でよける

　上段からの面撃ち。世が世なら、体捌《さば》き一つで、次の瞬間には自分の生死が決まる場面だ。

　このとき、即座に横に体を捌いて攻撃をはずし、相手の手首を手刀で撃って刀を落とす。「太刀奪り」と呼ばれる武術の動きである。

　現代的な体の使い方では、刀から逃げようとして、横に素速く飛びのくために、勢いをつけてつま先で地面を蹴ってしまう。しかし、この動きでは、蹴った瞬間、蹴り足がその場に残されてしまい、それにつられて体が流れる。これでは、頭を斬られるのは防げても、肩や腕を斬りつけられてしまう可能性がある。かろうじてかわせても、

体内での力の伝達の違い

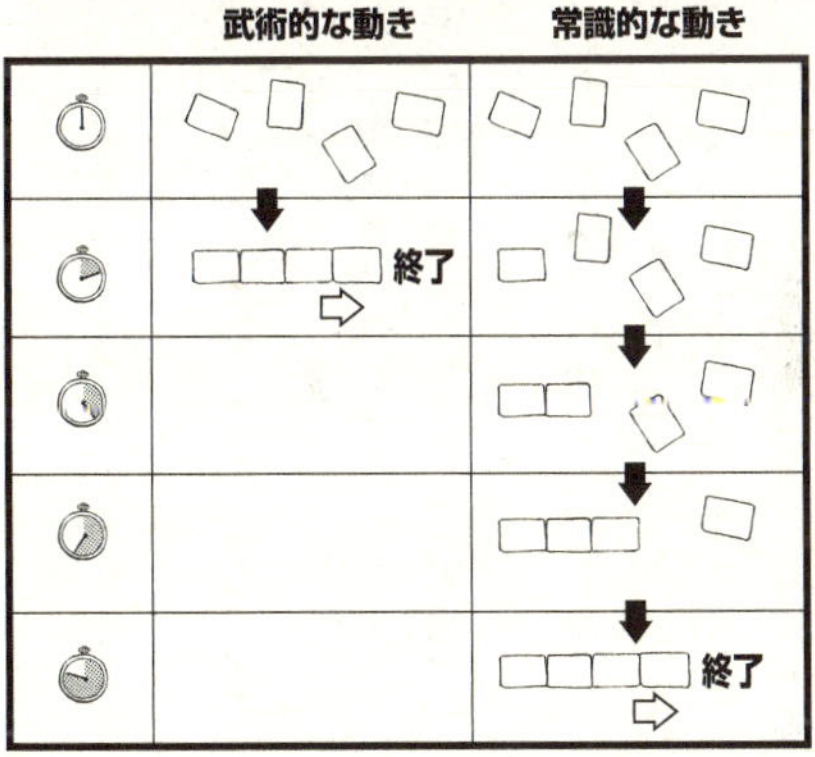

常識的な動きでは、一方向に力を発動するまでに、バラバラだった身体の各部が順々に繋がっていくため、時間がかかる（右）。一方、武術的な体の使い方では、身体の各部が一方向に一斉に繋がるため、いきなり力を出せる（左）。

※技の図解にある矢印の見方は目次を参照

すでに体勢が崩れているため、次の動きに支障がでる。

このような問題は、蹴り出した反動で移動しようとすると、体に「うねり」が発生するため、目的の動作までに時間がかかる点にある。

ここで言う「うねり系の動き」とは、現代スポーツなどで「速さ」や「威力」などを出すための基本的な身体操法のひとつだ。イメージでは、ムチに近い。ムチは、手元の動きを先端まで伝えて働きに変えている。確かに、本格的につくられたムチの先端では音速を超える速度と、それに伴う絶大な威力が発揮される。しかし、先端で力が増幅されるまでには時間がかかるし、動きも読まれる。

「太刀奪り」の動きでいえば、体をうねらせて蹴り出しながら面への一太刀をかわそうとすると、体の重心が完全に移動を終えるまでに、つまり先→足首→膝→股関節→体幹部という流れで、力が伝わっていかないと、移動できないということになる。各パーツがつながっている体を、ドミノ倒しに例えれば、最後のドミノを倒すためにその間の全てのドミノを順に倒すような、もどかしい動きだ。

◆体全体を一斉に動かすから体勢が崩れない

振り下ろされてくる刀に対しては、体全体が一斉に避難しなければ、意味がない。古武術の動きなら、それができる。ある方向に力を発揮するために、身体の各部が

武術の動き

足裏に均等に体重をかけて立つ。

▼

刀に対して、斬られるくらいに重心を前に出す。

▼

右にかわして面撃ちを外し、手刀で小手を打つ。

常識的な動き

つま先で地面を蹴って脱出しようとすると……

▼

動きにタメが必要なので、間に合わない。

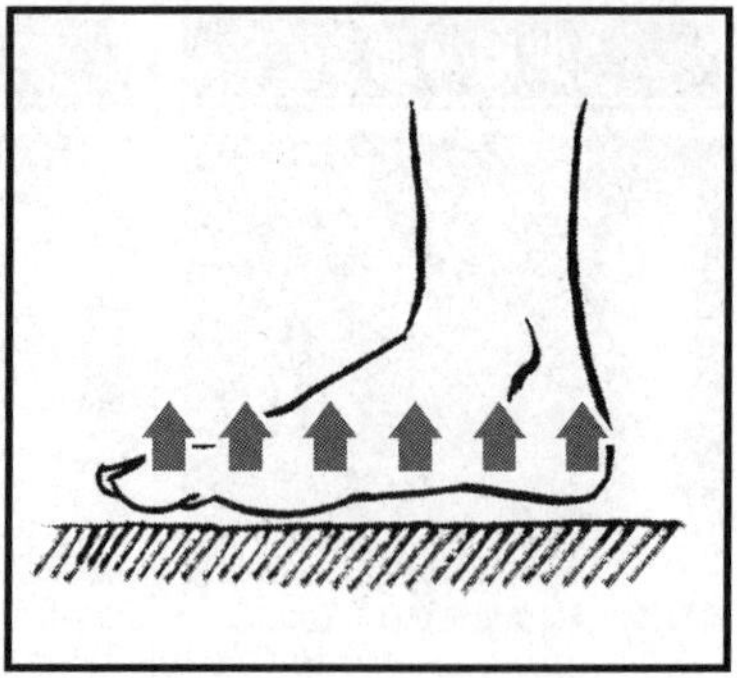

移動する瞬間、足裏を水平にして地面に対して垂直に上げる。体全体のアソビが取れ、瞬時に体がまとまる。

瞬時につながり、一気に働かせることが可能なのだ。

「太刀奪り」の動きのポイントは、足捌きにある。武術として有効な立ち方では、足裏全体を地面につけ、体重を足裏に均等にかける。私がこの立ち方に気づくヒントとなった『願立剣術物語《がんりゅうけんじゅつものがたり》』では「薄氷を踏む如し」と表現されている。あるいは、濡れた半紙の上で紙を破らないように立つ感覚も、これに近いといえるだろう。

移動する瞬間も、蹴り足のつま先に力を加えて進むのではなく、足裏を、地面との水平を保ったまま、垂直に離陸させる。つまり、前に進む瞬間も、足裏の圧力は地面に対して均等のまま、ということになる。

このような流れで足裏を地面から離すと、その瞬間、体の重心が拡散されずに空中に浮いた状態になる。その重心を一方に「コロッ」と転がしてしまえば、体全体を一斉に移動させて刀をかわせるのだ。

この感覚はきわめて非日常的であり、ほとんどの人には、足裏に均等に体重をかけて立つことはできても、その状態のまま足を上げることは至難だ。しかし、体中の感覚を研ぎ澄ませて練習を重ねていけば、徐々に体の中のアソビが取れて、体全体を一気に動かす感覚がわかってくるだろう。

現代スポーツの動きでは、タメが予備動作になって、相手に先手を取られてしまうこともあるが、それが常識化しているため、それを根本的に変えようとする発想が育っていないようだ。しかし、武術の動きに関心を持ったバスケットボールなどの球技に詳しい人なら、この「太刀奪り」の動きをプレーに活かすことができるのではないだろうか。対峙するディフェンダーは、相手がどちらに動くかまったくわからないし、仮に気づいたとしても、ディフェンダーが実際に動き出すまでにはタメとうねりが必要だから、とても追いつくことはできない。単独で速攻をかけるとき、残っているディフェンダーに対して1対1のプレーが必要な場面でも、瞬時に相手を抜き去ることができれば、そのぶん、相手チームが自陣に戻る時間を与えずに済む、という具合だ。

ポストプレイなど、敵の間を縫うような動きや、ディフェンスなど、ボールを持っていない状況にも有効だろう。ディフェンスでは、相手が自分を抜こうとして体をうねらせている間に、「太刀奪り」の足使いで先回りしてしまえばいい。相手が移動にかけている時間と、自分が移動に必要な時間の差分だけ相手を観察できるわけだから、

バスケットボールなどの球技でフットワークに「太刀奪り」の動きを活かせれば、瞬時に敵を抜き去ることが可能だ。

こちらの移動速度が上がったぶん、1対1での駆け引きでも、余裕のある立場にいられるだろう。
　ちなみに、スピード、パワーなどは、年齢を重ねるごとに一方的に衰えると思われがちだが、武術を通して身体の使い方を追究すれば、一概にそうとは言えなくなる。ベテランのスポーツ選手について、「スピード、パワーが落ちたぶん、経験で若手に対抗している」といった評をよく耳にするが、少なくともスピードに関しては、武術としての動きが身についてきた50歳代の方が、20代の頃よりも、圧倒的に速いし、詳しくは後述するが、力対力に見られるような場面でも、何年もの稽古を重ねて若い頃よりも今の方が格段に効く技を出すことができる。長い年月をかけて動きそのものが精錬されていく武術は、現代スポーツの常識とは異なる特質があるといえる。

◆古武術では力はいつも溜まっている状態にある

「現代スポーツでは力を発揮するまでにタメが必要だから、動きが遅くなる」と述べてきたが、誤解のないように指摘しておくと、武術にも力の「タメ」はある。

ただし、必要に応じて随時、力をタメなければならないうねり系のタメとは感覚が異なる。

武術の場合、いきなりスピードのある動きを出さなければならないし、体の大きな相手を制する技も必要だ。そのため、武術の身体操法では、体中のアソビをなくすことによって、力を瞬時に体中に伝達できる工夫がされている。

いわば、「常にタメが効いている状態」にあるのが武術の身体である。それは、引き絞ったままの弓にも似ている。弦から指を離すだけで、いつでも大きな力を発揮できる状態だ。この体の状態は、満々と水を湛えたダムのようなイメージにも近い。

ところで、ここまで解説してきた「太刀奪り」の足使いを展開させると、抜刀術で

溜まっている「力」

武術的な力のタメは、引き絞った状態の弓のイメージに似ている。いつでも手を放せば、その瞬間に強い力を発揮できる。うねり系の動きでは、その都度力をタメる動作が必要だ。

も素速い対応ができるようになる。
　抜刀術で要請されるのは、不利な状況で、いかに迅速に抜くか。すでに抜刀した相手の切先が自分に迫ってくる状況で、後から抜くこちらの動きを間に合わせなければならない。命のやり取りには、反則抗議も、タイムも、ましてや再試合もない。間に合わなければ、斬り伏せられるだけであ

武術の技　稲妻抜き（いなづまぬき）

相手が正眼に構えて迫ってくる。

▼

柄を握ろうとする手で敵の切先を誘いながら……

▼

相手の右側に転身して抜刀。

◀

着地すると同時に小手に斬りつける。

る。

前ページの写真で流れを紹介しているのは、「稲妻抜き」という抜刀方法だ。正眼の構えで迫る相手の切先を、柄に伸ばす右手で釣っておきながら、左方へ身を浮かせて転身しつつ抜刀、着地した時は相手の右小手の上にこちらの太刀が乗っている。これにも足裏の垂直離陸は生きている。

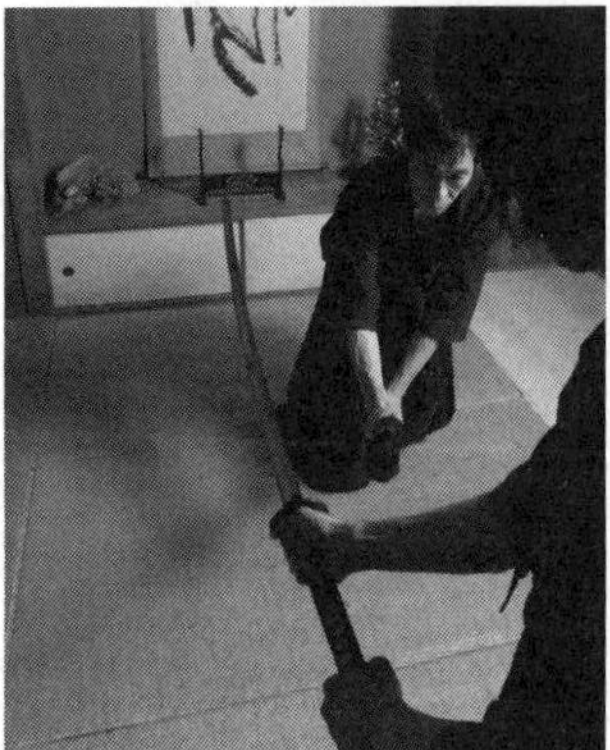
刀を振り下ろすと同時に、小手が斬られる。

古武術の発想

均等に体重をかけた足裏を垂直に上げ、瞬時に移動する

薄氷を踏む如し

足裏を地面と水平に保ち、垂直に上下する方法は、中国武術の内家拳のなかでも「平起平落」と呼ばれ、重要視されている。日本古来の武術では、例えば、江戸初期の流派「夢想願立《むそうがんりゅう》」の伝書『願立剣術物語』に「薄氷を踏む如し」の記述がある。足を水平に持ち上げようとする身体感覚は、甲野氏の武術では非常に重要な位置を占める。後述するが、自分よりも重い相手を抱《かか》え上げるような働きを出す際も、この感覚がカギになっている。

「武術」アニメはつまらない?

甲野氏は、映画『もののけ姫』に深い感銘を受けて以来、スタジオジブリの宮崎駿監督とも親交がある。以前、宮崎監督に招かれ、同氏のオフィス「二馬力」で武術の動きを披露したときのこと。「甲野さんの動きをそのままアニメにしたら、へたくそな手抜さのアニメになってしまいますね」と苦笑されたという。

というのも、アニメというものは、キャラクターの身体の「うねり」をデフォルメすることで、画面に躍動感を演出するのがセオリーだからだ。しかし、甲野氏の動きからは、そのうねりが意図的に消されている。だから、アニメで再現しようとしても、脈絡のない唐突な動きとしてしか表現できないのだ。出来上がるのは、我々が知るジブリアニメとはほど遠い、躍動感のないアニメというわけである。

膝を抜いて瞬時に対応する

初動が速くなる

逆《さか》手《て》抜《ぬき》飛《ひ》刀《とう》打《うち》

あらゆる状況下で命のやりとりをしている武術では、絶体絶命の状況さえ覆す技がある。常識を超えた動きが求められてきたからだ。〝膝を抜く〟ことはその第一歩。動き始めが速くなるこの膝抜きは多くのスポーツに応用が可能だ。

◆膝にかかる力を瞬時に抜き体を落とす

ここでは、足裏の垂直離陸とは違う方法で初動が速くなる技を知ってもらいたい。相手はすでに刀を抜き、中段の構えからこちらのノド元に狙いをつけているとしよう。もし刀を抜こうとしたら、いやほんの少しでも怪しいそぶりを見せれば、すぐに相手は突くか斬るかしてくるだろう。

通常の身体の使い方ならば、前に出ている足で前述したように地面を蹴って、後ろに逃げようとする。しかし、足で蹴ることで力を出すとき、人間は勢いをつけるために、いったん止まり、踏ん張ってタメを作る。ときによっては、その反動でわずかに前に出てしまう。このような状態では、たちまち相手に攻撃され、それに対して間に合うような動きはとてもできない。スポーツであったら、「脱出は不可能だ」と結論づけられ、むしろ、刀を突きつけられた方に対して、何らかのルール上の配慮が行われるかもしれない状況である。

この状況を脱するために工夫された方法が、尻もちをつくようにして一気に膝の力を抜き、これにより体全体を宙に浮かせ、その間に刀を逆手に抜きざま、肩の上方から相手に向かって打ち飛ばす「逆手抜飛刀打」だ。

この後ろに倒れるような状態をつくり出すため、膝にかかっている力を一瞬のうち

※技の図解にある矢印の見方は目次を参照

に抜く「膝抜き」は、最も効率のよい武術的身体操法のひとつである。

◆タメをつくらないから素速く動き出せる

膝を抜く感覚は、武術の動きのなかでも比較的体感しやすい。例えば2人で2メートルほどの距離に向かい合って立ち、一方が相手の胸をタッチしようとし、もう一方がタッチされないように後ろに逃げるという動きを試してみよう。

逃げる側が前足で床を蹴って下がろうとすれば、かなりの確率でタッチされてしまうはずだ。しかし、一気に膝の力を抜き、思い切って後ろに尻もちをつきかけ、そこ

尻もちがつきそうなほどに膝を抜くと、地面を蹴るよりも速く体を運ぶことができる。

を尻もちをつかないように足を間に合わせて下がるようにできれば、タッチされる回数は激減する。つまり、動き出しがスムーズになった証拠なのだ。

膝を抜く身体操法は、多くの現代スポーツに応用できるだろう。例えば野球ならば、まずフィールディングがよくなる。初期動作が速いので、それだけ守備範囲が広くなるからだ。また、盗塁のスタートダッシュや、ピッチャーのけん制のスピードを上げることにも効果がある。膝を抜くことで一気に一塁側に体の方向を変えると同時に送球すれば、一般的なけん制に比べて、かなり速く投げられるし、うねり系の動きのような予兆がないため、走者に気配をつかまれにくい。

武術の動き

相手が中段に構えて迫ってくる。

▼

膝を抜いて後方に体を移動。

▼

相手の小手に向けて刀を打ち飛ばす。

「膝抜き」を応用すれば、テニスやバレーボールなどのレシーブで今までは追いつかなかったボールにも間に合うようになる。

テニスや卓球、バレーボールなどボールを打ち合うスポーツで、ボールに追いついて打ち返す際の動きにも有効だ。
ただ、動き始めや方向転換の際に足で地面を蹴る動きは、幼い頃からなんの疑問も持たずに習慣づいたものだけに、トップクラスのスポーツマンですら、発想を転換するのは難しいかもしれない。

◆空中に浮かべば自らの体も軽くなる

膝を抜いて一気に体を動かすと、体全体だけでなく、腕や足といった身体のパーツを動かすスピードも上がる。これは、体全体がわずかに空中に浮くからだ。

超高層ビルでエレベーターを支えるロープが切れて、すごい勢いでエレベーターの箱が落下していると仮定する。そうなると中にいる人は、突然、体が浮き上がるような感覚に陥るだろう。この状態ならば、たとえ冷蔵庫のような重たい物でも、子どもの力で楽々と持ち上げることができるはずだ。つまり、床が逃げていっているからそうなるのだ。エレベーター内は無重力に近い状態になっているのである。

膝を抜いてわずかに空中に浮かんでいる瞬間は、エレベーターが落下している状態に似ている。意識的に自由落下しているような状態をつくり出すことで、自重が軽くなり、身体の各所を素速く動かせるようになるのだ。刀などの道具も軽く感じるから、地面を踏みしめた状態よりも、素速く操作することができる（61ページ参照）。

もちろん空中に浮かぶといっても、一般のジャンプのような動作ではな

通常は重くてとても持ち上がらないバーベルでも、落下中のエレベーターなら無重力状態に近くなるため、自分の体とともにバーベルも軽く感じる。膝を抜く動作では、擬似的にこの状態をつくる。

い。垂直方向であれ、前方であれ、ジャンプはタメが必要なうねり系の動きの典型だ。空中に浮かんでいるといってもわずかな時間であるが、その間に体全体をコントロールしているのである。

◆下段の構えから耳と足を一瞬で撃つ

この動きを応用した護身術を紹介しよう。ナイフを持った暴漢を撃退するという状況設定だ。

竹刀や木刀を持った剣道家なら、易々と退治できると思う向きがあるかも知れないが、ことはそう単純ではない。中段に構えれば、片手で木刀をつかまれたり、払われたりしてナイフを突き立てられるおそれがある。上段に構えて木刀を振り下ろしても、手で受けられたり、捨て身で頭から突っ込んでこられると、一瞬で対応のチャンスを失う。ましてや、暴漢が覚醒剤などで、正気を失っていれば、一撃の痛みなど意に介さず、襲ってくることは十分考えられる。

現在の剣道ではそもそもこうした状況設定に基づいた稽古をしていないので、剣道式に木刀や棒を使って暴漢の刃物を撃ち落とそうとして、逆に刺される警官などがでてくる。

このような状態で有効なのは下段の構えだ。ただし、剣道でいう下段よりももっと自分の体に近づけて構える。左の写真のように、木刀は右手の親指と人さし指でかろうじて挟んでいるだけで、ぶら下げているような状態である。左手は軽く添えているだけで、決して柄をつかんでいない。

　この体勢から瞬間的に膝を抜き、耳と膝横を連続して撃つ。木刀を振る瞬間は、足が地面からわずかに浮き上がっているため、エレベーターの例で述べたように感覚的に体の動きが軽くなり、構えてから2回の打撃を与えるのに1秒とかからない。

　ちなみに耳を撃つのは、興奮状態にある人間でも感覚器官に衝撃を受けるとひるみ

武術の応用例

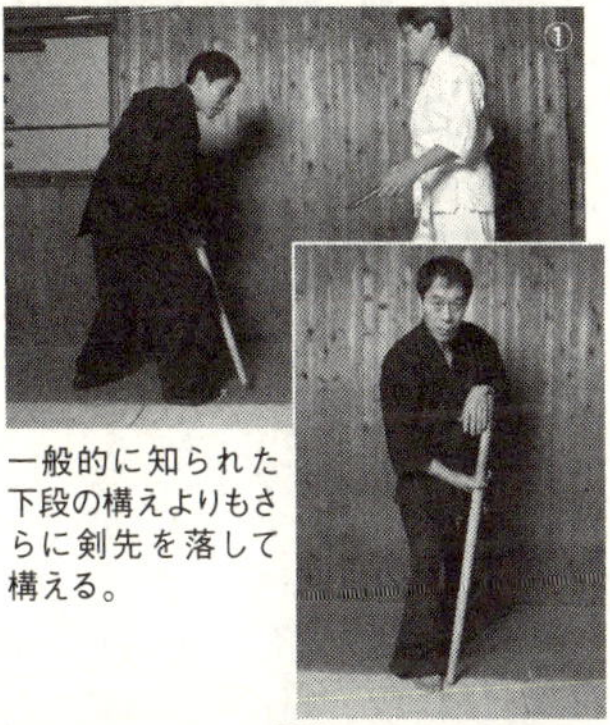

一般的に知られた下段の構えよりもさらに剣先を落して構える。

▼

膝を抜いた瞬間、発剣し、耳を撃つ。

▼

着地する前に膝横を撃つ。

やすいからだ。また、少し上に外れたとしても、頭蓋骨の最も薄い蝶形骨の部分に当たるので、いずれにしても急所を撃てる。膝を狙うのはもちろん飛びかかれなくするため。暴れている人間に対しては動きを止めてしまうのが有効な対処法だ。

◆うねることによって相殺されてしまう力

先述したが、私の動きは20代の頃よりも、今の方が圧倒的に速い。筋力に頼った現代的なトレーニングの発想では、想像しにくいかもしれないが、武術としての身体の使い方の進化は、家電製品の進歩にたとえると、少なくとも感覚的には納得してもらえるかもしれない。

昔の家電は機能は限られているくせに多くの電力を消費していた。しかし、技術が進むにつれ、多機能、高出力でありながら省エネを実現している。私も若い頃は筋力を使って速く動こうとしていたのだが、今は体の使い方を工夫することで、筋力が落ちても、若い時より速く動けるようになった。

その好例が「三方斬り」(62ページ参照)である。これは前、右、前の順に素速く斬る動き。20代の頃は徹夜で木刀を振ることもあったが、それでも1秒以上かかっていた。当時は、体をねじることで、コヨリのような細い軸を作ろうとしており、その軸が細ければ細いほど質のいい動きなのだ、と聞いていたからだ。体の芯がより細く、

武術の技 翡翠（ひすい）

柄に手を掛りない状態から、

膝を抜き、体を宙に浮かせて、

中空で体を入れ換え、

臑を払ってきた薙刀などを斬り落とす。

膝を抜くことで抜刀の速度を上げている。

武術の技　三方斬り（さんぽうぎり）

膝を抜くと同時に斬り始め、2太刀目は中空で打ち、着地と同時に3太刀目を終える。膝を抜く技術以外に、力の流れを滞らせないための体捌きに工夫がある。

ねじれるように努力工夫していたのだ（確かに体軸が細いという説明は、有効な場合もあると思うが、誤解されやすい場合も多いと思う）。そのため、努力すればするほど、鍛えた動きが同時にブレーキになり、ある速さから一向に速くならなくなっていたのである。

しかし現在はその3分の2の時間も要さない。一太刀目で膝を抜き、二太刀目は空中に浮いている状態で刀を斬り下ろす。さらに体全体の方向を一気に戻し、三太刀目を撃つように身体を操作しているから、二太刀目は空中で斬り、体が空中にあるうちに戻っている。

筋力に頼ると、どうしても体にうねりが生じてしまう。二太刀目の後、三太刀目のために体を左回転させようとすると、まだ右回転に参加しようとする力が残っているから、正面を向いたときに互いの力が渦潮のように混じり合う。「三方斬り」を筋力で素速くしようとしても、このようなうねり系の力の流れが体の中で起こってしまい、動きに滞りが生じてしまうのだ。たとえるなら、それは草食動物の群れの動きに似ている。アフリカの草原にいるヌー（うしかもしか）の群れを想像してほしい。先頭集団が方向を変えると、後に続く群れがそれに続くので、全体としてうねるような動きになる。つまり身体の一部が力を発し、それがうねりとなって、身体の各部を伝わっていく動きだ。

◆小魚の群れのように身体の各部を一斉に動かす

「三方斬り」ではこのような状態を回避するために、膝を抜いて体重を軽減させて身体の速度を上げると同時に、身体の各部を別々に、一気に方向転換させて、木刀を動かす力をより効率よく生み出すようにしている。

たとえると、身体の各部のそれぞれが小魚の群れのように一斉に向きを変える感覚である。小魚が大きな魚に追われるとき、ザッと方向を一変させることで、追ってくる魚を幻惑する。同様に、武術の動きでは、身体の各部が小さな魚のようにそれぞれ向きを変え、一斉に動き始める。一つひとつ順番に動いたり、力と力が一カ所で衝突して、相殺しあうことはない。

小魚の群れは、予期せぬときにいきなり、一斉に方向転換する。身体の各部をこのようなイメージで使えると、相手に読めない唐突な動きが可能になる。

つまり、力の通り道を同時多発的に開通させ、力の向きを、できるだけ急ブレーキをかけたり急発進しないようにして効率よく変換するのだ（詳しくは後述する）。例えば、手首が動く方向を手首で変えようとすると、そこにうねりが生じるが、手首が動いている最中に肘を回してその方向を変えてやれば、手首の速度は殺されない。こうすると、武具を操る際でも、筋力に頼っては出せないほどのスピードが実現できるのである。

膝を抜くことの効用をわかりやすく体現する例として、抜刀術で下から切り上げる「円月抜」という技がある。「円月抜」では上段に振りかぶって迫る敵に対して、一気に膝を抜き、積極的に前に倒れかかる。急激に地面が迫ってくるので、慣れないと恐怖を感じるが、だからこそ、成

武術の技　円月抜（えんげつぬき）

敵が上段に構えて迫ってくる。

相手に対して前がかりで構えて、

膝を抜き、前に倒れながら抜刀。

敵が刀を振り下ろせば、腕を斬り飛ばす。

功した瞬間、この技がちょうど、自転車に乗れるか乗れないかの違いのような〝ひとセットの動き〟として完結していることがわかる。この技は稽古段階で徐々にできるようになっていく、いわば「できかけ」の状態は存在せず、できるか、できないかで体の使い方はハッキリと区別されるのだ。従って、難度が高く、危険を伴う動きではあるが、できてしまえば次の瞬間から、できるのが当たり前になってしまう。

この技は振武舘の黒田鉄山先生に以前親しく教えていただいた民弥流居合術の「向掛《むこうがけ》」が大きな影響を与えている。ご存知の読者も多いと思うが、私の井桁術理から始まる一連の気づきは、黒田鉄山先生との交流がなければ生まれなかったものである。ここに改めて感謝の意を表したい。

古武術の発想

膝を抜いたその瞬間、自分と道具をハイスピードで動かす

都内のベスト16をインターハイに牽引

桐朋学園高校バスケットボール部

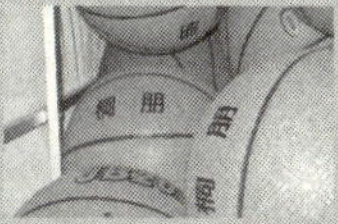

古武術をスポーツに応用した成功例として一躍有名になったのが、桐朋高校バスケットボール部だ。2000年、これまで東京都でベスト16までしか進出できなかったチームが、いきなりインターハイ出場、その後、冬のウィンターカップでは全国ベスト16になった。

同校教諭である金田仲夫氏は、最初は武術の〝効能〟について半信半疑だったという。

「しかし、甲野先生と初めてお会いしたときに、ドリブルで抜かれて、俄然、興味が湧いた。今まで見たことのないほど、素早く特殊な動きだった。もしバスケに活かせたら奇跡が起きるかもしれないと思った」

同校は、バスケットボールに関してはいわゆる強豪校ではない。古武術の導入は「いい選手がいない、練習時間がとれない、練習環境が整っていない、『ないない尽くしのチーム』」が強豪校と互角に戦うための賭けだった。

結果は吉と出た。ナンバの動き（90ページ参照）などを練習に加えて体の使い方を変革すると、めきめき強くなっていったという。とはいえ、武術的な体の使い方が即、バスケットボールの技術向上に繋がるわけではない。武術に頼りすぎるのではなく、武術の動きをバスケでどう活かすか、というアイデア創出の姿勢で、あくまでもバスケに「応用する」という心構えが重要だ。

「最近、バスケ8割、古武術2割というように、練習時間のバランスの取り方もわかってきた。バスケの技術は、やはりバスケの練習でしか身につかないが、その技術に磨きをかけるスパイスの役割を果たすのが、武術の体の使い方だと思う」

間髪を入れず次の動きをする

力の方向を上手く流してムダなく動く

下《しも》二《に》方突《ほうづき》

筋力を使ってスピードや力を出すには、自ずと限界がある。しかし身体のパーツのそれぞれの役割を活かし、別々の動きを統合して使うことができれば、合理的で効率のいい動きが実現する。

◆筋力による方向転換はロスが多い

急激な方向転換をする際に、筋力を利用しようとすると、加速した動きを一度踏ん張って止め、再度、別方向に始動しなければならないため、エネルギーを無駄に消費することになる。

エネルギーのロスを最小限に抑えて運動の方向を変えるには、その土台の向きを動かしてやればいい。例えば、水平に回るコマの軸を傾けてやれば、コマの回転運動の勢いを殺さずに、その向きだけを変えてやることができる。

この発想を上手に活かした武術の技と言えるのが、左右後方の敵を連続して突く「下二方突」である。左右の背後に向けて、杖を連続して素速く突くとき、筋力でその動きを行おうとすると、左後ろを突いたところで急ブレーキをかけ、右後ろを突くために再度、杖とそれを持つ腕を急発進させるというロスの多い動きになる。これでは、どうしても手続きに時間がかかって気配が出るし、スピードに限界があるのは否めない。

そこで、「下二方突」では、腕の手首の使い方によって、杖の速度を落とさずに方向転換を可能にしている。手首の回転の向きをスムーズに変えるために、手首の動きにストップ&ゴーをかけるのではなく、手首の土台となる肘を動かすのである。手首

※技の図解にある矢印の見方は目次を参照

の回転運動の軸をまるごと方向転換させて、手首のスピードを殺さずに、左後ろ、右後ろとよどみなく突くことができるのである。

◆支点自体を移動させスムーズな動きを実現

「下二方突」の場合は、前腕を手前に回転させながら、同時に手首を丸めるようにぐっと巻き込む。これを「手首を満月に使う」と言い、私がかつて学んだ鹿島神流の影響の濃い使い方である。なぜこうするかというと、手首を巻き込まなければ、腕の長さが余ってしまい、そのぶん肩が上がることになるからだ。肩は沈んだ状態でこそ機能を発揮するため、相手との間合いが縮まった時は、受話器の長いコードを巻くことで短くするように、手首の巻き込みで調節しているのである。

また、この「下二方突」で重要なのは、肘が手首を追い越す点だ。追い越すまでは

手首を丸めるように巻き込む動きと、肘が手首を追い越す動きにより、スムーズな方向転換を可能にしている。

前腕を下げる動きになるが、このままでは、やはり肩が詰まって上がってしまう。しかし肘が追い越した瞬間、前腕は上に向かう動きになる。普通なら支点として固定している肘を移動させることで、力の流れを無理なく変え、一筆書きのようなスムーズな動きを実現しているのである。

体の動きの工夫で力の流れを変えるという働きは、座った状態からの抜刀にも活かされている（72ページ参照）。現在の居合では、まったくと言っていいほど見られなくなった居合の源流、神夢想林崎流の古法と思われるものの資料をある方から贈られ研究を依頼されたが、それによると右足の踵《かかと》の上に、左足のヒラメ筋をのせ、左足の踵の

武術の動き

後方の相手に気配を悟られない姿勢から、

▼

手首を巻きこむように左後ろを突き、

▼

肘の回転によって手首の回転運動の勢いを妨げることなく方向転換、右後ろを突く。

武術の技　趺踞(ふきょ)による居合

意図的に不安定な状態を保った姿勢から、

前後の釣り合いを保って、

右足の踵の上に左足のヒラメ筋を、左足の踵の上に尻をのせ、両膝とも床から浮かせる。この姿勢を趺踞という。身体が前後に揺れやすい姿勢だ。

全身の働きを利用して抜刀する。

相手が短い脇差を抜いて襲ってくるような至近距離から、この趺踞による居合を稽古する。

上に尻をのせて構える。これは実際にやってみるとわかるが、極めて不安定な状態だ。この不安定を使いこなすことこそ、武術的に身体を使いこなす第一歩だ。グラリと前後左右に倒れる力を利用すれば、手だけではなく体全体で刀が抜ける。よく考えれば当然だが、人間が2本の足で直立する姿勢というのは、常に「すぐ使える位置エネルギーをプールしている」姿勢でもあるのだ。

◆捨て身技を応用して寝ている人を楽に抱き起こす

巴《ともえ》投げのような柔術の捨て身技は、自分が倒れる力を利用して、相手を投げる技である。これを応用したのが、介護用の「上体おこし」である。これは、寝ている人の上半身を抱き起こす方法で、理学療法士対象の講習に招かれたときに、講習後の打ち上げの宴席で質問されてその場で考案した。

介護やリハビリの技術のなかにも、寝ている人を抱き起こす方法はあるそうだが、どうしても腰に負担がかかるので、しばしば介護する側の腰痛の原因にもなっているという。そこで私は捨て身技の身体操法を利用し、こちらの体重をうまく使うことでほとんど力を使わずに抱き起こす方法（74ページ参照）を思いついた。

まず寝ている人の右側に座る。次に寝ている人の右肩の下に自分の左膝を入れ、左手を伏せたまま首の下に入れる。この時、あぐらのような座り方になる。

人を抱き起こす ―介護―

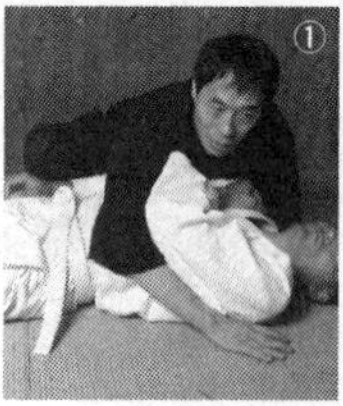

相手の右肩の下に自分の左膝を入れている。右手は手の甲を上に親指から差し込む。

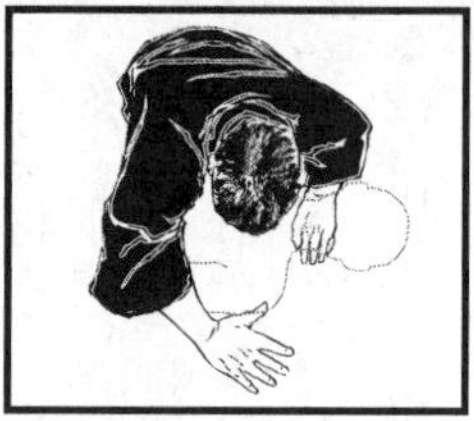

親指から右手を差し込むのは、こちらの肩がつまらないようにするためだ。

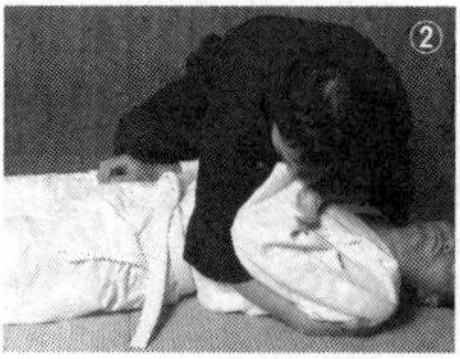

右手の手のひらを返して相手を抱え、軽く自分の体を前後させて、相手を横揺れさせる。

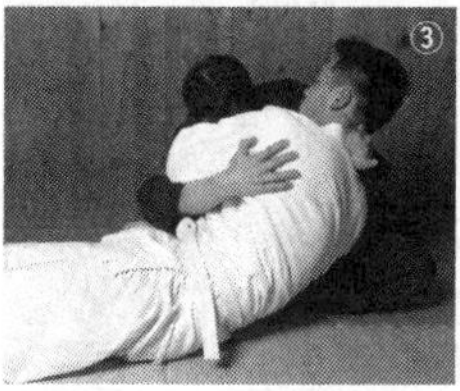

そのまま後ろに倒れ込むようにすると、相手の体が起きてくる。

後ろに倒れる力を、ずらして組んだ足裏を利用してスムーズに横への動きに変化させている。

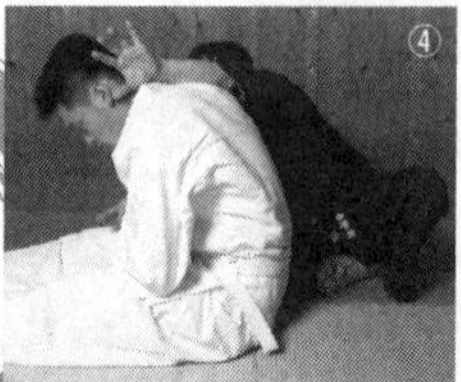

右足の裏を前にずらして合わせているため右側に重心が移動し、相手が自然と前方へ起きあがる。

そして、右手の手の甲を上にして、親指から寝ている人の左の背中の下に入れる。右手がしっかり入ったら、手のひらを返す。このとき左足の土踏まずに右足の踵をつけて、両足の裏を合わせた「合蹠《がっせき》」という座り方をわずかにずらした姿勢をとる。その状態で自分の体を前後に揺すり、相手の身体をローリングさせ、相手の反応速度を確かめ、同時に重心が体の中心に集まるタイミングを計る。次に相手を向こう側に横揺れさせた後、一気に後ろに倒れ込むようにする。すると、右足裏が前方にずれているため、完全にこちらが後ろに倒れ込む前に、相手を抱えたまま右側に重心が移り、相手の体が上から見ると、「くの字」になって自然に起きあがってくる。

この方法は起こす方も楽だが、起こされる方もまるでベッドが自然に起きあがってきたように楽に起きられるようだ。

◆椅子に座った人を楽に立ち上がらせる

腰かけている人を立ち上がらせるのは、もっと簡単である。相手の左側に腰掛け、右手を背中に、左手を胸に添える。まず相手を前方に軽く揺らすと、人間はバランスを取るために無意識に重心を後ろに戻そうとする。そこで今度はその動きよりも微妙に速く後ろに揺らす。すると、これも同じ理由で、前に重心を移そうとするので、その機を捉えて両脇に軽く手を添えて一緒に立ち上がると、相手は抵抗を感じないまま立ち上がることができる。一瞬ふわりと浮かび上がるような感覚すら覚えるはずである。

これは体術の「潰し技」（145ページ参照）にヒントを得たものだ。立っている相手を倒すときに、無理に引き崩そうとすると思わぬ抵抗にあい、なかなか崩すことができないことがある。しかし、軽く体を揺すり、無意識に重心を戻そうとしたところに瞬間的に下方に沈みをかけると、力をほとんど使わずに相手の体は崩れてしまう。椅子に腰かけている人を立ち上がらせる方法は、この技を逆に展開したものだ。

ここで紹介した例は比較的簡単に試すことができるので、写真やイラストを手がかりに、いろいろと応用してみてほしい。武術の身体操法は、他の格闘技やスポーツだけでなく、広い分野で活用できるだろう。

腰かけている人を立たせる

人間は前後に揺らされると、バランスを取るために無意識に重心を動きの逆に移動させようとする。その働きを利用すれば、難なく立ち上がらせることができる。

古武術の発想

力の流れを妨げずに別方向への働きに変える

手裏剣術

古武術には体術、抜刀術、杖術、槍術など各種の分野があるが、体捌きからうねり系の動きを排除するのが最も難しいのは手裏剣術かもしれない。ものを強く、遠くまで飛ばすために、体をねじって力をため、全身をムチのようにうねらせるのは、たしかに理にかなっている。甲野氏自身も「野球のピッチャーが威力のある球を投げる際に、うねりを完全にゼロにするのは至難中の至難」と言う。しかし、手裏剣術は武術であるから、うねって投げて気配を悟られては意味がない。

手裏剣の中でかつて最も広く用いられた棒手裏剣は、上の図のように持って、指と手のひらで保持する。手を上段の位置に構え、手首と肘を固めて、手刀を切り下ろすように打つ。手裏剣は、天を向いたまま手を放れ、約4分の1回転して対象に刺さる。これを直打法という。

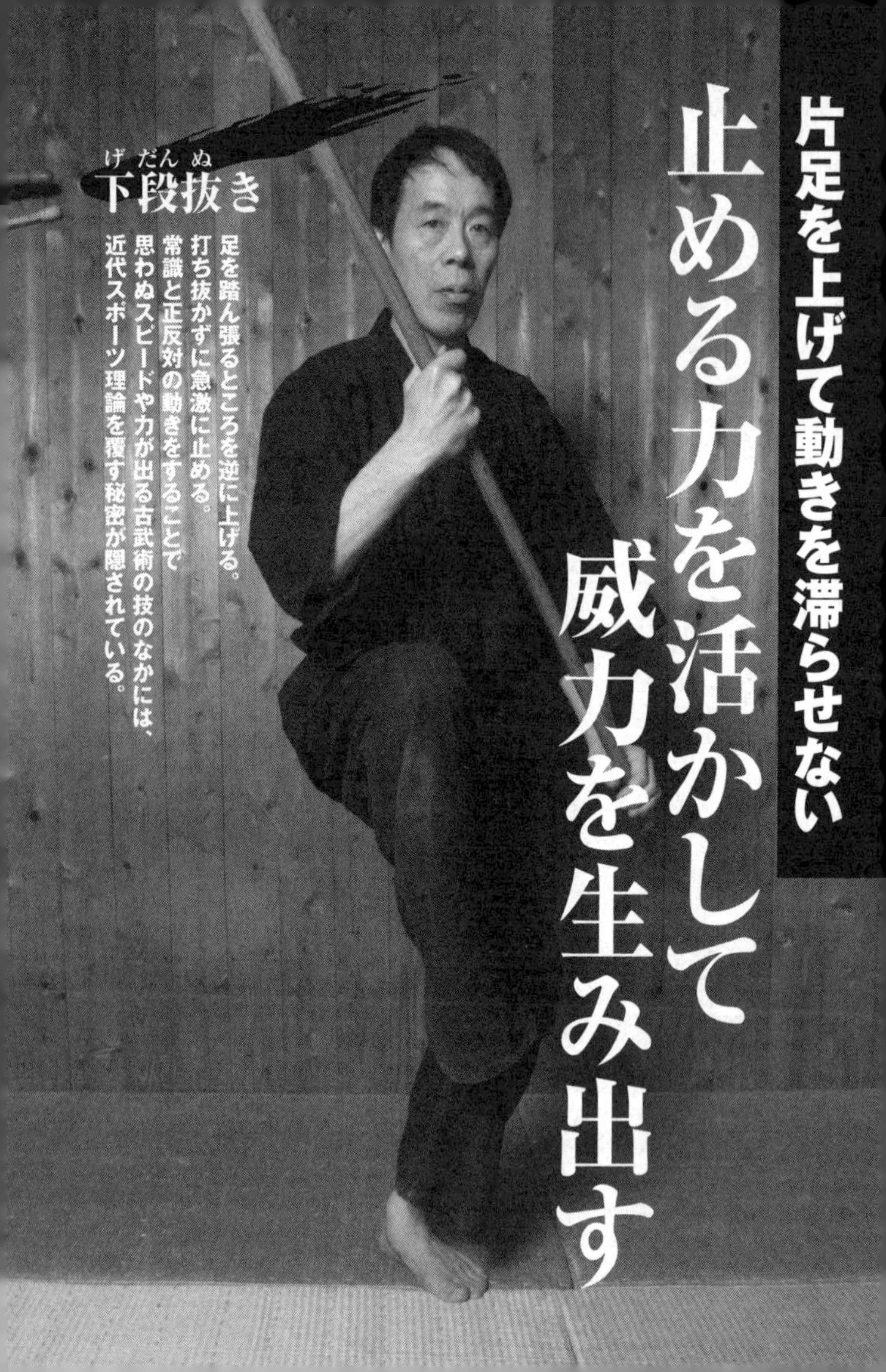

片足を上げて動きを滞らせない

止める力を活かして威力を生み出す

下段《げだん》抜《ぬ》き

足を踏ん張るところを逆に上げる。
打ち抜かずに急激に止める。
常識と正反対の動きをすることで
思わぬスピードや力が出る古武術の技のなかには、
近代スポーツ理論を覆す秘密が隠されている。

◆身体を割って同時並列的に動く

杖術の「下段抜き」は、桑田投手が最も多く研究・稽古した技だ。これは、体を瞬時にまとめる動きを会得するのにも有効である。まとまる動きとは、「身体の各部がそれぞれ別の動きをしつつ、ひとつの統合された状態になる」動きのことを言う。これは武術独特の身体操法といえるかもしれない。「うねり系」とは違った、突然場面が変わったかのような動きが実現するのも、この動きが作用している。

私は、この動きをさまざまな自然界の生き物や道具をもとに考えてきた。例えば、鳥の羽ばたきである。羽ばたきは、一見単純な上下運動に思えるが、実際はフェザーリングというある種の回転運動、リード・ラグという前後運動、フラッピングという上下運動が複雑に混ざり合っている。それぞれの運動は別々に分かれているが、すべては羽ばたいて飛行するという目的のために働いているのである。

身近なところにもいい例がある。人間の手のひらの動きだ。各部分が細かく割れ、一瞬で全体が同時に動く。ピアノを弾くとき、左右の手が同時に動きながら、全く違う旋律を奏でることができるのも、同時並列的な動きの一種と考えられる。

こうした動きを、全身の各部で行えるようにするのが武術的身体づくりの主要な眼目のひとつといってもいい。そのために必要なのは「身体を割る」ことだ。身体の各

※技の図解にある矢印の見方は日次を参照

部を、その役割が最も活かされる形で、別々に動かす操作法を身につけるため、まずは各部の癒着をはがすこと。これは武術の技を身に付けるうえで重要なことである。簡単ではないが、力が集まってくる丹田（へその下。体の中心にあたる）の自覚と微妙な関連をもって少しずつ体感していってほしい。

杖術の「下段抜き」は、斬りかかってくる相手に対して、杖で相手の左斜め下方から打っていくと見せかけておいて、その杖を斬り落とそうとする相手の力に合わせ、体全体を左方に捌くと同時に杖を回転させ、相手の小手を打つ技だ。

この技では、右手の指、手首、左の手のひら、前腕、上腕、膝、足など全身の7カ所以上で杖の加速を同時並列的に進行させる。右手は、動かしやすいよう人さし指と親指で軽く持ち、中指、薬指、小指と順々に、ちょうど弦楽器を弾くように絡めていく。そして手首全体も巻き込み、前腕を内側に抱え込むようにしながら、上腕を反時計回りに肩を沈めつつ、やや動かす。左手は張りを持たせて杖をパンとはじき、左足の膝を抜いて沈み込みながら、右足を一気に踵《かかと》が左足の膝の内側あたりまでくるよう

杖の持ち方

左手は、手のひらで杖をはじくようにして、杖を加速させている。

右手は軽くそえるだけ。指と手首を柔らかく使うためだ。

に上げる。

◆足を上げることで体の動きを加速する

右足を一気に上げる動きもこの技の特徴だ。常識的には、2本足で踏ん張った方が、大きな力を出せ、杖を速く回せるように思える。しかし、実際には両足で立つことはブレーキになってしまう。この技では杖の速度を上げるために、膝を抜いて重心を下

武術の動き

この姿勢から一気に全身を加速。

手首を巻き込み、肘を抱え込むようにして、右足を上げることで体を浮かせつつ、左足一本になって沈み込む。

その結果、次の瞬間には上からも下からも杖を打ち出せる状態になっている。

に落とす動きも少なからず寄与しているが、このとき、2本足で立っていると、重心が分散して、下に力が流れ込むスピードが遅くなるのである。

例えば、緊急避難勧告が出たときに、もし避難場所が1カ所ならば、人々はそこを目指して一気に走り出すだろう。しかし、それが2カ所となると混乱が生じる。とくに、ふたつの場所の境界地点にいる人はどちらに行ったものか迷ってしまい、逃げ出すのが遅れるおそれがある。組織においても同様の例がある。2人の上司からそれぞれふたつの違う命令が出てしまっては、部下はどう動いていいのかわからなくなるではないか。

片足を上げるのは、身体にそのような混乱を起こさないためでもある。重心の集合場所が1カ所に限定されていると、分散している重心、特に右と左の境界にある部分の重心も速やかに集めることができる。それから私自身、実際に技を行った時の感じ

片足を上げる動きは杖のみではなく、剣術で手を出せば触れるほどのごく至近距離にあるものを斬る場合にも大変有効である（次ページ参照）。

武術の技　一ノ祓（いちのはらい）

立った状態の抜刀の構えから一瞬で相手の目の前にこちらの刀の切先を付ける技。

上方へ向け抜刀、ただちに刀身を横に返して刃筋の直線面を出し、右肘を沈め、柄を握った右手を返し始める。

さらに肘を沈め、右足を左膝あたりに引きつけ、左手を柄頭に添える。

としては、2本足で立ったまま体を沈めると、パイプが詰まったような渋滞感があるが、片足を上げるとそれが一気に解消されるように感じる。

この方法は抜刀術でも効果がある。勢いよく足を上げることで重心が一点に流れ込む速度が速くなり、それが抜刀のスピードに大きく影響してくるのだ。また、この足を上げることで渋滞を解消させる動きは、剣術でごく近くを袈裟斬りに斬る時にもきわめて有効だ。

常識とは逆の動きで、大きな力や速度を出す。武術的発想の特質をここにも見つけることができる。

◆体を瞬間的にロックし力を加工する

私は昨年の春、体を瞬間的にロックす

武術の技　影抜き（かげぬき）

相手の竹刀を右手から真剣で斬り込むが……

竹刀がふれあう寸前、瞬時に刀を返す。竹刀より重い真剣だが、重いために遅いということはない。

ることで打撃の威力を増す原理に目を開くことができたが、これは武術では古くから知られていた術理で、私も知識としては以前から知っていたがなかなか体現が難しかったものである。

しかし、石を割るときに、石屋は鏨《たがね》を当てて金槌で叩く。また、錆び付いてしまったカンナの刃は、力持ちが万力で引き抜こうとしても簡単には動かないが、カンナの台の木口を金槌で叩けば、子どもの力でも出し入れできる。このようなごく常識的に誰でもが知っている働きにこの原理が隠れていることを知った。

もう少し例を挙げよう。ハンマーで木材に釘を打つとき、釘が木材のなかの節のような硬いものに当たると、釘の頭がつぶれたり、曲がったりする。通常であれば、釘をそこま

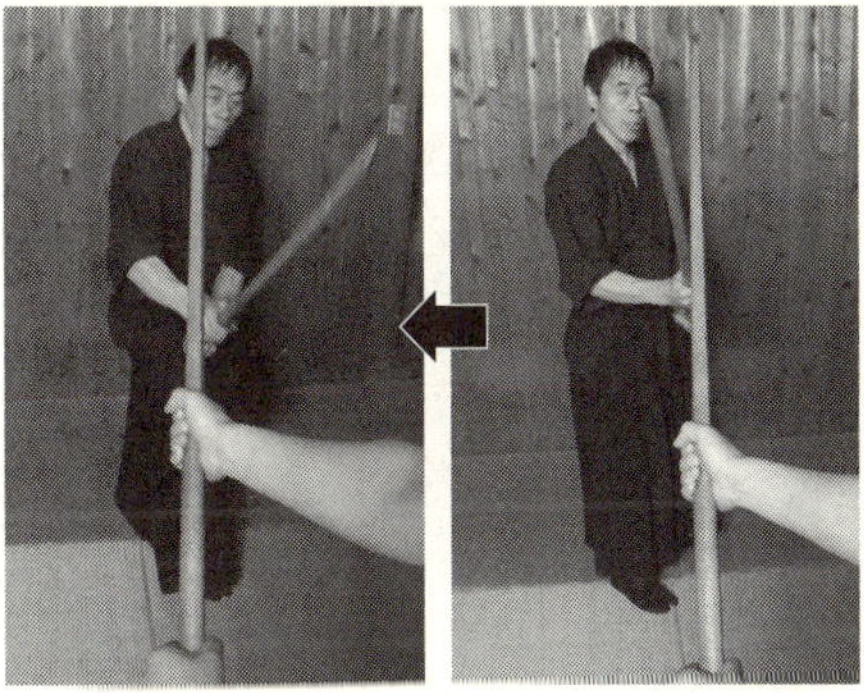

抜き技に体のロックを使うと、腕の力で刀を操る時のスピードとは異質のものが生まれる。

で変形させるために鉄の塊をのせるとしたら、ハンマーとは桁違いな重さが必要になる。だが、ハンマー程度の重さでも急激に止まることで発生する力を利用すれば、釘をも潰せる。衝突事故で起こる現象も同様である。車が壁に激突すると、運転者はフロントガラスを突き破って外に飛び出す。これも急停止で生まれる力がいかに大きいかを物語っている。

これを剣術の抜き技に使ってみよう。通常は自分の竹刀が相手に払われる前に、いったん腕の筋肉で急ブレーキをかけ、相手の竹刀を峠越えするように急発進して右小手を打つ。

これに対して、体にロックをかける原理を利用した方法では、打ち出した竹刀が相手の竹刀と打ち合う前に、体全体で積極的に止める動きをとる。するとぬかるみを踏んだときにパシッと泥水がはねるような感じで、相手

こちらが打ち込んでいった刀を相手が払おうとした時、体の動きにロックをかけると、打ち込む威力が格段に強くなり、相手が払えなくなる。

の竹刀を踊り越えて、瞬時に右小手を打てるのだ。そのため、構えていた竹刀をまるですり抜けてきたようだと、よく言われるようになった。

その頃、剣道関係者が集う講習会に招かれたとき、この技を演武したら会場がどよめいたが、これは剣道家が試合や稽古で見慣れているものとは異質なスピードだったからかもしれない。剣道家は竹刀をより速く扱うために腕の筋肉を鍛えるが、私は力を出すために筋肉を使うことを一切やめ、筋肉は純粋に竹刀の動きをコントロールするためだけに使っている。

そして、この瞬間的にロックをかけることで発生する力を利用すれば、こちらが打ち込んでいった刀を相手が払おうとした時、抜く刀の速さだけではなく、打ち込む威力を格段に強くし、相手が払えなくなるような動きも可能になる。

◆足を上げることで体の動きを加速する

下のイラストで解説した技も体にロックをかける原理を応用したものだ。通常、相手が拡げた両手で支えた竹刀の中央を打つとき、どんなに力を入れても竹刀のたわみと腕のクッションで吸収されてしまう。しかし、竹刀が当たる瞬間に体にロックをかけると、竹刀の緩衝作用を通りこして相手の体にまで衝撃が通るようで、多くの人が2、3歩後ろによろけるようになった。

受ける側は、竹刀がぶつかった瞬間の衝撃はさほど大きくなく、前方に腕が吸い込まれるような感じさえ受けるらしい。しかし、その一瞬後に新たな力が波打つように

刀を打ち込んだ衝撃のあと、もう一度鈍い力が加わったように相手は感じるという。

体全体に伝わるという。ちょうど、2段ロケットのイメージに近いようだ。物理的に説明するのは非常に難しいが、私の感覚としては、体幹部の外側だけを止めたため、内側のエネルギーが一気に出ていったと言うしかない。

卓球王国である中国の全中国選手権で5連覇を成し遂げた王会元《おうかいげん》氏は、体幹部の働きを使い、状況に応じてこの体にロックをかける働きも活用していたと考えられる。卓球では普通は大きく体をひねってスマッシュするほうが威力が出ると考えられている。しかし、実際に会ってその動きを見ると、王氏はへその下の丹田に力が入るように動くということをしきりに口にされており、一般的にはさほど迫力があるとは思えない動きから驚くほど威力のある球を打ち返されていた。

この体にロックをかける原理によって力を加工する技も、情報として単に知っていた段階から現に自分でも使うようになるには、何らかの気づきが必要である。こうした体験を通してつくづく感じるのは、惰性で続ける反復練習の落とし穴である。

ウェイトトレーニングなどの反復練習で筋肉を鍛えるのも、もちろんそれなりに効果がある。しかし、それは常識的な動きの範疇を出ない。質的にまったく違う動きを身につけるには、それなりの効果があがるという常識的なやり方が大なり小なり妨げになっていることが多い。

古武術の発想

力の流れを一点に集約して速度を上げる

プロのピッチングを変えた古武術

桑田投手再生の源

巨人軍の桑田投手がもっとも熱心に練習したのは、杖術の「下段抜き」だったという。その効果は、まずフィールディングに表れたと桑田投手自身はたびたび発言している。シャトルランでは、若手の誰よりも速くなり、ある試合では折れたバットが桑田投手に向かって飛んできたが、瞬時に膝を抜き、難を逃れている。

投球フォームの変化も大きいが、実はメジャーリーグにお手本がある。桑田投手が以前から尊敬する、元アトランタ・ブレーブスのグレッグ・マダックス投手。球速は時速130キロ台ながら15年連続15勝以上という偉業を成し遂げた名投手である。桑田投手が甲野氏にマダックス投手のビデオをみせたところ、「彼の投球フォームは踏ん張りのない武術的な要素を含んでいる」と甲野氏が指摘。このことも、桑田投手が新しいフォーム研究の励みになったようである。

倒れるように曲がり減速を最小限に抑える

素速いターンで縫うように走る

ナンバ

ここでは、日本古来の歩き方から導き出された曲がり方を紹介しよう。ねじらず、効率のいい体捌きは、腰痛にも効果的だ。スポーツで活かせれば、流れるような方向転換で、敵を翻弄する動きが可能になる。

◆スピードを殺さずに倒れながら曲がる

体をねじらないという武術の発想は、歩き方、曲がり方にも生きている。通常、歩くときは、手足を互い違いに前に出すが、古来の歩き方では手を振らないか、振るとすれば足と同じ側の手を出す。「ナンバ」という歩き方だ。

試してみるとわかるが、この歩き方だと、腰がねじれない。腰痛の人は、かなり腰が軽く感じるはずだ。普通の歩き方は、常に腰をねじっているため、腰への負担が大きいようだ。

ねじらずに歩く体の使い方は、曲がり方にも応用できる。

例えば、通常、左に曲がるときは、曲がるポイントで右足に体重を乗せて、斜め前に左足を出し、腰をねじって左足に重心を移していく。それと同時に、右足で地面を蹴りながら左足が

現代的な歩き方、曲がり方との違い

通常の歩き方（左）では、蹴り足を軸にして体が一歩ごとにねじれる。ナンバの歩き方（右）は、同側の手足を出すため、腰はまっすぐのままだ。曲がるときは、平行四辺形が一旦つぶれて、再度開くようなイメージで体をひるがえす（102ページイラスト参照）。

武術の動き

① 同じ側の手足を前に出す。

② 内側に倒れ込むように重心を移していく。

着地し、前進を再開する。よく観察してみると、曲がる瞬間に、前に進む力に右足のつま先でブレーキをかけ、その後、もう一度蹴り出しているのを感じるだろう。前進する力を殺しているから効率が悪いし、曲がり終えてから前進するまでにもう一度、蹴り出さなければならないので、タメが必要になる。

この曲がり方は、動きにスピードを要求されるスポーツで大きなロスになる。というのも、方向転換している最中は軸足が必要となるため、そこに固定的な支点が発生してしまうからだ。その間、軸足は動かせないため、動きが止まってしまう。

武術を活かした曲がり方では、例えば左に曲がるときは、左足が宙に浮いている状態で体を左斜めに倒し、倒れながら体の正面を左方向へ、平行四辺形が変形するように向けていく（102ページイラスト参照）。そして、倒れそうになった勢いのまま前進を再開する。こうして曲がると、右足で地面をことさら強く蹴る必要

◀勢いを殺さずに曲がり終える。

がないし、前進してきた力を曲がる方向にスムーズに流すことができる。

　このように倒れながら方向転換できるようになると、ディフェンダーの間を糸を縫うように急転身を繰り返す動きが可能になる。感覚としては、足で体を運ぶというよりも、放っておくと転んでしまう位置にある重心を、体幹部でコントロールしながら前進する感じだ。この身体操法は、いくら急停止・急発進（ストップ&ゴー）を速めるトレーニングをしても身につけることはできないだろう。

◆シャトルランを通してトレーニングは可能

　スポーツの基礎トレーニングである「シャトルラン」で試してみると、感覚的な違いを味わいやすい。シャトルランとは、数メートルから数十メートル離れた2地点間をダッシュで往復するトレーニングだ。これを通常の曲がり方の延長で動いてみると、反転する地点で一度、前足で踏ん張って体にストップをかけ、そのあと身をひるがえして、ダッシュを再開しなければならない。つまり、ダッシュで得たエネルギーを踏ん張って殺し、ゼロから再スタートしなければならないのだ。

武術の技　後方突き（こうほうづき）

鞘を後方に送りながら、体を開いて抜刀。後ろ足のつま先を開いていくと、体をねじらずに後方を突くことができる。

それに対して、武術の動きを活かせば、反転する地点で、前に進む力を流しながら背後に向き直り、ダッシュを続けられる。それまでのダッシュで培ってきた勢いを、急停止させることで消耗させずに済むのである。

このターン方法は、すでに気づいている人もいるかと思う。なぜなら、疲れると自然に体がムダのない動きをしようとするので、踏ん張っていては方向転換が辛くなるからだ。

腰をねじらないという発

想を活かした抜刀術の技には、抜刀して背後を突く動きがある。

これは背後から斬りつけようとしてきた気配に応じて、刀を振りかぶって迫る敵よりも速く突く技だ。このとき、速く抜こうとして腰をねじると、抜刀がかえって遅くなる。腰をねじらないと、刀を抜こうとする瞬間の気配が消え、相手にとってこちらの動きが唐突に見えるというメリットもある。

背後からの敵に対して間に合う抜刀をするには、右の写真のように、相手に向かって後方に体を開き、左手で鞘を後方へ送る。柄を握る右手はあまり前に動かさずに、体を後方に開くことで、刀身が鞘から抜け出るように体を使う。抜刀の最中に、後ろ足のつま先が開き、相撲の四股を踏むような形で立つと腰はねじれない。

古武術の発想

ナンバの歩き方、曲がり方でねじらず効率よく進む

ナンバ歩きは着崩れない

成人式などで慣れない着物を着ていると、いつの間にか着崩れしてしまう人がいる。これは、普段、体をねじる動きを当たり前のように行っているからだ。着物を着て歩いていて、前襟のあたりが緩んでくる人は、ナンバ歩きを心がけてみるといい。日本の着物は、古来のねじらない体の使い方を前提に作られているため、ナンバで歩くと着物は緩まないのだ。

今、和服が静かなブームになっている。祭りなどの機会に、いつもと気分を変えて和服を着ることもあるだろう。しかしそんなときにだらしなく着崩れしていてはみっともない。体をねじらないナンバ歩きを心がければ、着物姿でもキメることができる。

“ナンバ走り”のスプリンター、アジア人初の夢のタイムも間近

トップが認めた古武術の身体操法

100メートル9秒台、200メートル19秒台を

アテネ五輪で狙え！

末續慎吾 (23)

末續慎吾は古武術の体の使い方を活かして大記録を勝ち取った。速さを生み出す身体感覚を本人に聞いた。

2003年6月7日、陸上日本選手権・男子200メートル決勝。追い風は微かに0・6メートル。号砲と同時に飛び出した彼は、重心を低く保ったまま加速、一気に後続を引き離し、そのままゴールラインを駆け抜けた。どよめく観衆、興奮する報道陣、そのなかにあって、勝利を得た男は一人冷静だった。末續慎吾、23歳。

陸上日本選手権、男子200メートル決勝でトップを飾った末續慎吾(23)。ナンバを意識することでゴールに近づいてもリズムを保って走り続けられるようになったという。

写真提供 共同通信社

20秒03。日本新記録であると同時に、アジア新であり、今季の世界最高記録でもある。シドニー五輪でギリシャのケンデリスが金を獲得した、20秒09をも優に上回る。「会心のレース。記録は出ると思った」末續は当たり前のように言った。レース直後、彼はこんなことを口にしている。「ラスト50メートルでナンバ（走り）を意識した」

ナンバ走り――江戸時代の飛脚が用いていたという走法。同じ側の手足を同時に出す感覚で、重心を低く保ち、体はねじらない。末續がナンバを取り入れたのは03年の冬期から。すり足のように脚を動かすことで、地面の力を効果的に受けられると気づいたのがきっかけだ。

甲野善紀氏は短距離走について「より速く走るためには、転びそうで転ばない釣り合い点をどこまで高められるかが鍵。そして、その鍵は体幹部の動きの質にかかわっている」と言及。末續は「スピードを維持しようとすると、下腹部に意識が集まる」と自らの身体感覚を語る。速さを追求する中で気づいた腹筋の重要性。末續は、学生時代から毎日2000回の腹筋を続けている。甲野氏の考えにも通ずるところがあるのではないか。

日本選手権・200メートル決勝。末續はこのとき初めてナンバの効果を実感したという。上半身もまったくブレなかった。手と足のタイミングがずれそうになるラストも、スピードを落とすことなく走りきった。そして新たなる記録が生まれた。

しかし、末續は満足しない。「トップスピードにならないと、ナンバの感覚には行き着かない部分がある。まだ開発の途中」

日本選手権で、24年ぶりの男子短距離2冠を達成し、2004年にはアテネ五輪を控える。数百年も昔に生きた日本人が生み出したナンバ走りを活かし、近代スポーツの頂点を目ざす彼は、100メートルの9秒台、200メートルの19秒台というアジア人未踏の世界へと向かっている。

「剛力」

～雪崩の如く制す～

軽く触れただけで相手が吹き飛ぶ。腕一本で潰す。
もし、そんな達人技をいつでもくり出せるなら、
肉体がぶつかり合うスポーツでは
無類の強さを身につけることになるだろう。
本章では、そのような「剛力」の技を解説する。

井桁の動きで相手を押し込む

うねらず滑らかに力が出る

左籠手留《ひだりこてどめ》

人間は通常、力を出す際、関節を支点として腕や足を振り回すが、この動きは効率が悪いし、相手に動きを読まれやすい。この問題点を克服するために提起された井桁術理の発想なら、不利な状況でも相手を制する技を生む。

上段に構える敵（打太刀《うちたち》、技を受ける側）の剣が振り降ろされる一瞬の間をついて、その相手（仕太刀《したち》、技を出す側）が打太刀の左小手に斬り込む。戦場では相手が鎧を装備しており、小手に斬り込んでもそれだけでは相手にダメージはない。一般的な常識で考えれば、この場面で、仕太刀側がさらに刀を押し込んで相手の体勢を崩すことは、よほど体格、パワーで相手を上回っていなければまず無理だ。

打太刀側は、体に近い小手に力を込めればいいのに対して、仕太刀側は長い刀の切先近く（物打ち）を動かさなければならないため、「梃子《てこ》の原理」からみても、圧倒的に不利だからだ。

ところが、「井桁術理」の動きを活かせば、同じ状況から相手を崩すことができる。井桁術理を活かした「左籠手留」は、私が学んだ鹿島神流の「面太刀付け」をもとにして、現代スポーツの常識では不可能とされそうな状況を克服する武術的発想の具体例として代表的なものである。

◆多くの人が「円の動き」を根本的に誤解している

人間は力を出そうとするとき、特に意識せずにいると、関節を支点として、腕や足をワイパーのように動かしてしまいがちだ。いわゆる「ヒンジ（蝶番《ちょうつがい》）運動」である。この技でいえば、相手に撃ちかかる動作は、肩や肘を支点とした、ヒンジ運動になっている。この動きはどうにも効率が悪い。ここで紹介している「左籠手留」で言えば、仕太刀側の作用点は物打ちにあるのに、支点が肩にあるから、小さい力でこの運動は容易に止められてしまう。

　武道では、「円の動き」がいいとされており、それを実践しようとする人は多いのだが、大抵はその意味を誤解して、この非効率なヒンジ運動を行っている場合が多い。ヒンジ運動は、確かに先端が円運動を行ってはいるが、半径に相当する部分が直接対象物に当たるので、相手にとって有利な立場から梃子の

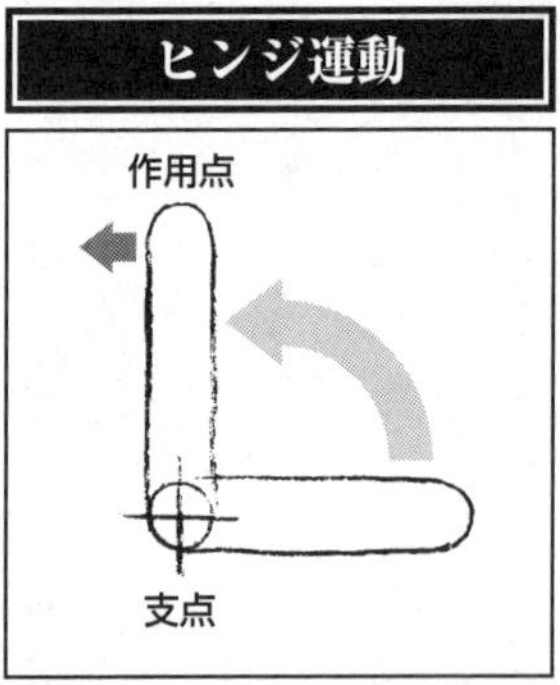

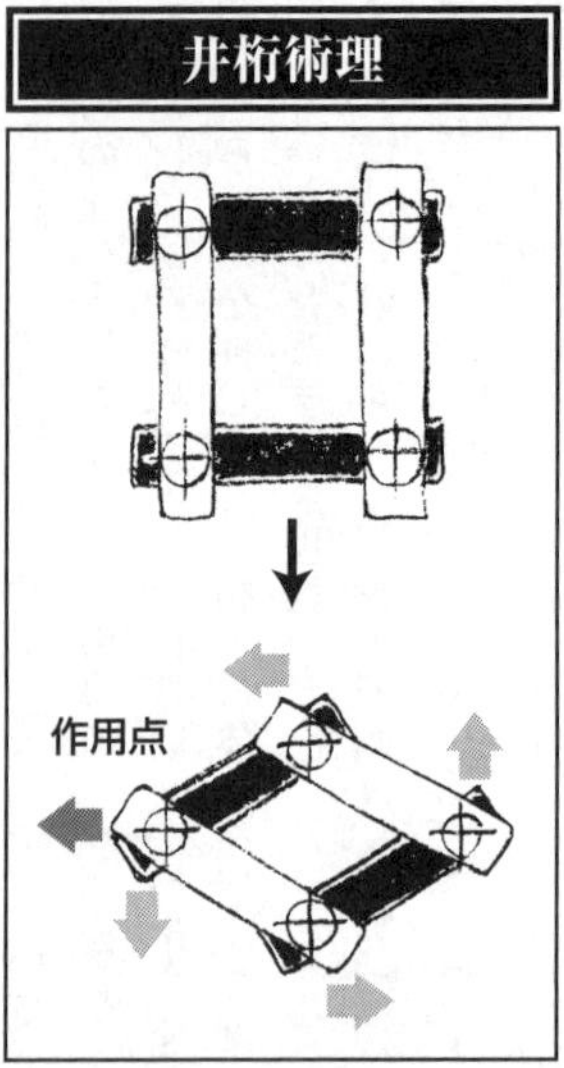

支点を固定したヒンジ運動（右）は、読みやすく、止めやすい。ねじったり、うねって力を出す動作は大抵、この支点を固定したヒンジ運動を利用している。一方の井桁の動き（左）でも、それぞれの交点ではヒンジ運動が行われているが、４点で一斉に発動するため、どの支点も固定されず、そこから現れる力の方向は読まれにくい。

原理を使われている状態になっており、スピードと威力が出る前に動きを抑えられると、簡単に止められてしまう。さらに、単純なヒンジ運動では、強い力を出すためには、テイクバックを大きくとって力をためなければならないので、動作が読まれやすく、素速い対応に支障が出やすいというデメリットもある。

小手で受け止められた物打ちを、肩を支点にヒンジ運動で押し込もうとする。これはたとえるなら、水の入ったバケツを棒の先にぶら下げて持ち上げようとしているのにも似ており、力のロスは非常に大きい。

バケツの持ち方にたとえればすぐにピンとくる話なのに、体の使い方になると、とたんに多くの人がわからなってしまうのである。

ちなみに、このヒンジ運動の問題点は古来、武術の世界で忌み嫌われている「居つき」の一形態でもある。剣術の伝書『願立剣術物語』では、「氷となって滞る　水となって流れよ」と粋な表現で居つかないことの大切さを説いている。その体の居つきをなくすため、私にとって重要な発見が「井桁術理」（井桁崩しの原理）だったのである。

◆固定した支点を作らずに相手を制する

確かに、人間の体は関節で連結しているため、そこを支点としたヒンジ運動はどう

武術の動き

右袈裟に斬り込む。

張り合ってきた相手の左の小手で動きを止められた。

支点を居つかせない井桁崩しの動きで相手を押し込む。

やっても避けられない。しかし、ある方向に力を働かせたい時に、102ページの図のように平行四辺形が変形していくイメージで、複数のヒンジ運動を同時に行えれば、支点は複数存在してはいるものの、それらは、平行四辺形の変形に合わせて、位置を変えていく。つまり、どこにも固定的な支点を作らずにすむので、力の方向が複雑になり、相手に探知されにくく、その結果、相手を崩しやすいのだ。技をかけられている相手にしてみれば、支点の定まらない力、すなわち、方向が読めない複数の力が押し当てられていることになるので、踏ん張りようがない。

ここで紹介した「左籠手留」でいえば、斬り込みを打太刀に小手で受けられた直後に、井桁術理が鮮明となる。上半身は、相手に向かって押し込む力を働かせつつ、下半身は、相手から離れる方向に開き、互い違いに動作させる。

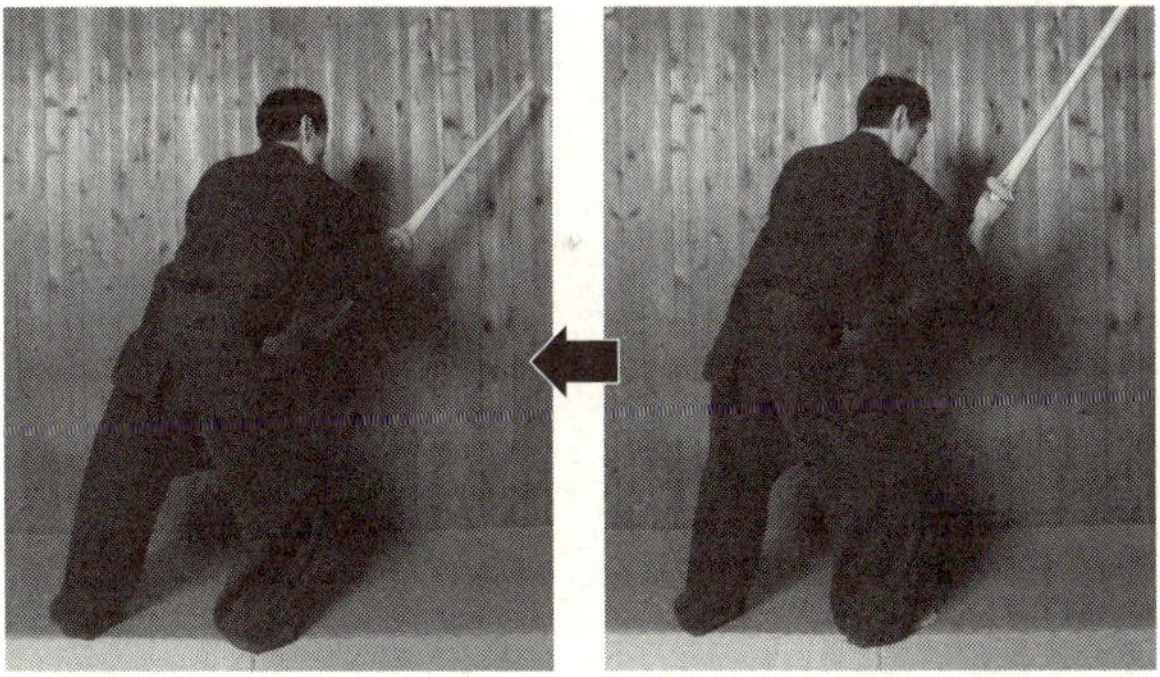

井桁術理の動き。上半身は右に竹刀を押し込んでいるのに対し、下半身は逆に左に開いている。

打太刀としては小手から伝わる力が、支点の定まらない状態で押し寄せてくるから、対抗するのが難しい。しかも、それがいきなり起こるので、あっけなく体勢を崩してしまう。

古来より説かれている「円の動き」とは、体や剣の先端が円の軌跡を描くための支えとなる、アームの部分のヒンジ運動ではなく、アームによって描かれた円自体が、ころころと玉のように転がる丸さの感覚のことを指していると考えるべきだろう。

ただし、念のためつけ加えておきたいのだが、私の「井桁術理」が「玉の動き」を完全に体現した身体操法だとはまったく考えていない。私にとって、10年以上も前に気づいたこの井桁術理は、ヒンジ運動の問題点を指摘し、それを超える身体操法を探るためのベース・キャンプに過ぎない。

古武術の発想

ヒンジ運動を捨てて滑らかに動く

動きのタブー「居つき」

武術の世界では、避けるべきものとして「居つき」がしばしば指摘される。これはたとえていえば、前方から来た自転車と危うくぶつかりそうになった時、左右どちらによけるべきか、判断に迷ってその場から動けないような状態を指す。武術がうねりの動きを避けるのも、うねりの動きの前には体をねじる・ためるという作業が必ず発生し、どうしても居ついてしまうからでもある。これが実戦の最中なら即座の死を意味したから忌《い》まれて当然だ。

鉄塊のような重さを生み出す
競』り合いで相手を崩す

浪之下《なみのした》

軽く触れただけのように見えるのに、相手が地面に崩れ落ちる、宙を飛ばされる。武術には、このような一見「剛力」とも見える技も数多く存在する。これも「ねじらない・ためない・うねらない」武術の基本原則がなし得る驚異だ。

◆パワーとスピードは同じ原理から発現させる

現代スポーツの常識では、ひとつのトレーニング方法でパワーとスピードの両方を養成する方法があるとは考えられないようだ。これは、ウェイトトレーニングばかりで筋力をつけていると動きがぎこちなくなることでも明らかである。確かに、パワーに優れた筋肉と、スピードに優れた筋肉は違う質のものだ。

当然、パワーとスピードの双方を養成するにはトレーニングメニューが重要になる。

しかし、武術の発想では、パワーとスピードを養成する方法は本質的に変わりない。「瞬速の章」で解説した「速さ」を出す動きと、「剛力の章」で解説する「重さ」や「威力」を出す動きは、同一のベーシックな動きがもとになっているのである。状況によって技の現れ方は変わっても、パワーもスピードも、同じ基盤からの発現なのである。

たとえるなら、固体・液体・気体という3つの状態に変化する「水」に似ている。H_2Oという化学式で表される物質は、状況に応じて氷・水・水蒸気になる。武術の技であれば、うねらないために、体をねじってタメをつくらないという基本原則が、あらゆる技の形に変化していくのである。

まず、ひとつの例として、こちらの片腕を両手でつかんできた相手を、簡単に床に崩すという技「浪之下」を解説する。そもそも、こちらは腕1本なのに対し、相手は

※技の図解にある矢印の見方は目次を参照

腕2本を使ってこちらの力をいなすのも自由という状況だから、それだけでも相手は有利である。それに、床に立って下向きに体を働かせている以上、どれほどの力持ちであっても、その人の体重以上の力は出せない。なぜなら自分の体重以上の力を出せば、自分の体が持ち上がってしまうからだ。

しかも、通常であれば、どうしても肩を起点とした動きとなり、力の方向を読まれやすい。すると、相手はこちらの肩から伝わる力を探知して簡単に踏ん張れるし、腕を振って力の方向をずらし、いなすことも可能だ。とにかく、常識的には、こちらをかなり不利な状況にして行う技である。

◆鉄塊の如き重さを瞬時に相手に伝える

にもかかわらず、ただ力で頑張っている相手に「浪之下」を試みると、ほぼ無抵抗のまま崩れてしまう。ここでも、固定的な支点から力を伝えるのではなく、全身を同時に駆使することで力の出所をくらます武術の動きが作用しているように思う。「薄氷を踏む如し」（44、51ページ参照）とたとえられる足裏の垂直離陸で身体のアソビをとり、小魚の群れが一斉に向きを変えるときのように、身体各部位を瞬時に沈ませる。予備動作をせずに、相手が予測できていないところから、身体全体を相手が対応できないほど短い間に沈ませる。すると、相手の身体は何をされたのか理解できないまま、床に崩れていく。

通常の動作であれば、一気に身体全体を沈ませるといっても、足を踏ん張る、肩を固める、などの動作を連係させ、ちょうどドミノがパタパタと倒れていくように、腕に力を伝えることになる。いわゆる「うねり系」の動きと同質の、「のしかかる」「よりかかる」「ぶら下がる」といった動きだ。これでは、全体重が相手に伝わるまで時間がかかるし、相手にこちらの動きを予測されてしまう。

武術の動きの大きな特徴のひとつには、「力の起点を相手に悟られない」という点がある。肩に背負った水袋のイメージ（113ページ参照）だ。中の水がゆらゆらと常に移動する水袋は、力の重心が定まらない。通常、人間が重さを支えるためには、力の

武術の動き

相手がこちらの前腕を両手でつかんでくる。

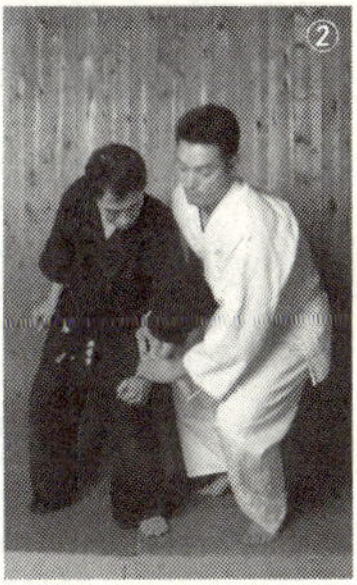
足裏の垂直離陸と同時に、瞬時に体を沈ませる。

予測不能の重さに耐えられず相手は崩れていく。

起点である重心を探知して力を出す必要があるが、武術ではその重心をぼかして、相手に力の方向を読ませないのである。

逆に、筋力に頼って相手に力をかけるのは、固く中身がつまっている米俵を乗せるようなものだ。こちらの重心が安定していると、相当の重さでも相手は担ぐことができる。力の支点が明確で、一方向に踏ん張ることで対抗できるからである。

水袋を抱えたような不安定な状況で、瞬時に全体重を浴びせかけられた相手は、力を出し切れずに崩れていく。面白いのは、私の体重は60キロ程度なのに、「鉄塊で潰されたようだ」と表現する人がいること。おそらく、それだけ瞬時に体重の全てか、かなりの割合が腕にかかっているからだろう。

足裏を垂直離陸させて身体のアソビをとり、一気に身体各部位を沈ませると、腕をつかんだ相手は予測できずになす術もなく崩れてしまう。

米俵と水袋

米俵なら、かなりの重さのものまで持ち上げられる。しかし、中の水が不安定にゆらぐ水袋は重心が安定せず、ふらついて大変持ち上げづらい。

「鉄10キロと綿10キロではどちらが重いか」という物理の〝ひっかけ〟問題があるが、同じ重さであっても木より鉄、鉄より金と、比重が重い物質のほうが重く感じるのは、重さの伝わる速度は速くなるからだろう。身体にアソビがなく、しかも方向性が読めない力は、それだけ、相手にとって対抗できないほどの「重さ」を感じさせるようだ。

◆予想外の大きな動きに人間は対応しきれない

「切り込み」にも同様の発想法が生きている。こちらが片手で組みにいこうとするところを、相手が両手で払おうとする、柔道の組み手争いをより極端に取り出したような動きだ。通常なら、相手が両手で払ってくれれば、こちらは効率の悪いヒンジ運動をしているため、よほど腕力で勝っていても、腕2本に払われるのはやむをえない。無理に腕に力を入れて対抗しても、そのぶんこちらが身体ごとバランスを崩されるか、あるいは相手が体ごと飛びのくので崩せない。

この状況を、どう解決するのか。ここでも、薄氷を踏むような足使いから、足の裏を地面と平行に保ったまま垂直に離す動きがきっかけになる。そのまま、身体をうねらせることなく、全身を一斉に動かし、腕で切り込む。このとき、前述した身体にロックをかけ、あたかも2段式ロケットのように力を作用させる動きも加える。するると、相手はなぜかこちらの手を払えず、相手のほうがバランスを崩してしまうのだ。

ここでも、予測不可能な力が出力されている点が効いている。人間は、常に過去の経験をもとに、予測しながら行動しているものだ。例えば、コップを持ち上げるにしても、どのくらいの重さかを推測しながら手を差し出している。なみなみとビールが注がれたビールジョッキを持つときであれば、わざわざ意識せずとも、出力はより大きくなる。

この予測があるからこそ人間はスムーズに行動できるのだが、これが同時に落とし

武術の技　切り込み（きりこみ）

①片腕での「切り込み」に相手は両腕で払って対抗する。

②予想を超える重さで切り込まれ相手の体が崩れる。

穴にもなる。予測が外れたときの人間の存外なもろさを思い出してみればいい。小さな紙コップがテーブルに接着剤で貼り付けられていたら、持ち上げようとしたときバランスを崩してしまう。逆に、「重い」と思いこんでいた鉄アレイが、じつは黒く塗られた発泡スチロール製のものでとても軽かったとしたら、同様に予測を裏切られ、バランスをひどく崩すだろう（116ページ参照）。

このように、「切り込み」で相手が簡単に崩れてしまうのは、武術の動きが日常で培った予測を鮮やかに裏切るからである。支点がみあたらず、一瞬で体重がのしかかってくる動きは、普通は誰にも読めない。武術には、こうした身体のシステム上の盲点をつく技がたくさんある。

◆支点を消して力の出所をぼかす

「切り込み」の動きを現代スポーツに応用する

もし、軽いと思って持ち上げた箱が、予測が外れて重かったとしたら、実際は大した重さでなくても、身体のバランスは崩れてしまう。

ならば、柔道やサッカー、バスケットボール、ラグビー、アメリカンフットボールなどでの、競り合いの場面に効果を発揮するだろう。例えば、ラグビーでタックルする場面だ。

相手は片手でタックルを突き放そうとする（ハンドオフ）。ところが、「切り込み」のように身体にアソビのないタックルは、片手では到底払うことができない。

実際に、私はアメフトやラグビーの選手を相手にこの技を試しており、その有効性は確認済みだ。私より30キロも重い選手が、私のタックルを受け止められず、本当に驚いた顔をしていた。スポーツの常識では、どうして自分がこんなに小さい相手に真正面から当たって負けてしまうのか、さっぱり理解できないという表

常識的な動き

正面からタックルを
しかけようとする。

通常なら、片手でも
止められてしまう。

タックルで押し込む——ラグビー、アメフト

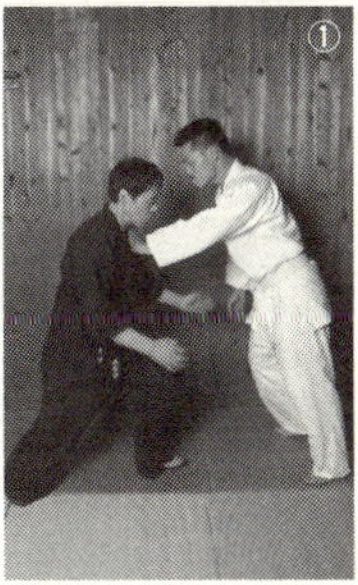

力の支点をぼかした
武術の動きで前に出る。

力の方向がわからず、
相手は混乱する。

そのまま前に出れば
相手の懐に飛び込める。

太陽があるのはわかるが、雲が邪魔をして正確な位置がつかめない。これは武術における固定的な支点をなくすことで力の出所をぼかす発想に通じている。

情だった。

これも、どこから力が伝わってきているのかわからないという武術の動きの応用である。相手はこちらの力に対抗しようとまず力の支点を探すのだが、それがわからず、こちらの動きの出所を情報収集しているうちにそのまま押し込まれてしまう。

イメージとしては、曇り空での太陽がわかりやすいのではないかと思う。雲を隔てて向こう側に太陽があるのはわかる。しかし、雲が太陽の光を拡散してしまい、光源を探そうにも、正確な太陽の位置がつかみづらい。

◆敵のタックルを力を使わずに潰す

この動きは、タックルを潰す動きにも有効だ。例えばアマレスなどで相手が姿勢を低くして、こちらの懐に潜り込んでくる。これを腕だけで払おうとしても、全身で飛び込んでくる相手に力で対抗するのは不可能に近い。相手の肩や背中にのしかかる形で体重を預けても、体重が乗り切るまで時間がかかるから、振り飛ばされたり、踏ん張られたりしてしまう。

タックルをしかけるときの前傾姿勢は、片持ち屋根にたとえられる。それを力で押さえて潰そうとすると、その力が逆に相手にとって手がかりとなる。潰そうとする力に対抗しようとすることで、片持ち屋根は「人」という字のように両方から支えのある屋根に変形し、逆に崩れにくくなってしまうのだ（120ページ参照）。

ここに武術の動きを応用する。手だけで払うのでも、のしかかるのでもなく、重心を散らした身体全体を瞬時に下に落とすのだ。前述した中身の水がゆらぐ水袋が一気に落ちてきたような「どこから力が加わっているかわからない」感覚を相手は受けるだろう。うまく決まればとても耐えられないはずだ。

まるで自分の体重を自由に操作しているように感じるかもしれない。一番わかりや

通常のタックルの場面では、上から力をかけて潰そうとしても、お互いが支え合う「人」という字のような体勢になりやすい。

すい例を挙げれば、経験のある人も多いと思うが、酔い潰れた人を抱き上げると、非常に重く感じることがある。酔い潰れた人は全身が脱力していて重心が安定せず、持つ側が十分に力を伝えられないからだ。

この現象を土台にして、積極的に抱き上げづらい身体の状態を作りだすのが、「抱き上げの潰し」である。後ろから抱えられた状態で、うねらずに全身で下向きの力を発生させると、相手はたまらず膝をついてしまう。これをさらに応用すれば、左の写真のように持ち上げられた状態からでも相手を沈めることが可能だ。この動きは難度が高く、私もごく最近、できはじめた身体操法である。

◆バスケットボールのポジショニングに有効

重心を一気に落とす体の使い方は、例えば、バスケットボールでリバウンドを狙ったり、ポストプレイのポジショニングで敵と肩で競り合いながら、前に出ようとする動きに活かすことができる。

スポーツ的な動きで、肩を相手に密着させ、単純に押し込む力で相手を動かそうとしても、踏ん張る力は1方向だから、相手は対応しやすい。スピードを上げて力の方向を素速く変えても、密着していれば、力の方向を転換しようとする情報が相手にも素速く伝わるから、対応されてしまう。これでは力比べの要素が多分に強く、体格やパワーで劣る選手は、な

武術の応用

①何もせず持ち上げられている状態。

②足の裏を引き上げ丹田（へその下あたり）に重心を集め、沈み込む。

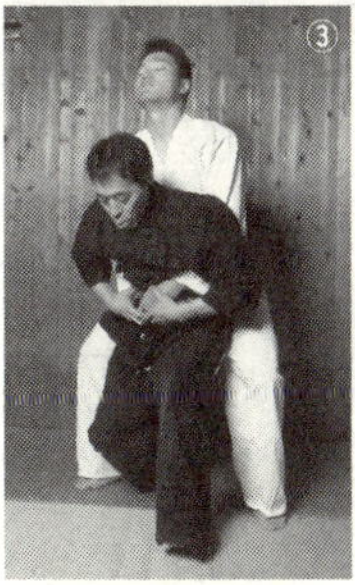

③相手は突如重くなった身体に対応しきれない。

位置取りを有利に――バスケ、サッカー

相手がのしかかってくる。

自重を沈み込ませながら腕を前に割り込ませる。

相手の肩に添うように位置取りする。

相手の前にでていいポジションを確保できる。

す術がなくなってしまう。

そこで、右の写真のように、相手と競り合う瞬間、この重心の落とし込みを行う。接触している肩は相手に添うようにして、強くも弱くもない程度に接点の圧力を保つ。同時に下半身も踏ん張ることなく身を寄せ、相手の胸元に肘や肩口をあてて、一気に体全体に沈みをかけて一歩踏み出す。重心を固定せずに沈み込むから、敵の選手は肩や上腕部から伝わる力の方向を明確に探知できず、踏ん張れないまま、ポジションを明け渡すことになってしまうのだ。

ただ肩でぶつかり合うだけでは、体重やパワー、スピードが上回る方が競り勝つのは必定。武術の動きによる重心の落とし込みを活かせば、相手は競り合う力を出すタイミングが取れない。

その他、ラグビーでタックルをかわすような場合でも、重心を沈ませると、効果的な動きができる。

ボールを抱えて疾走する最中、前方から、ディフェンスが突進してくる。接触した瞬間に、タックルしてくる相手をかわしたり、崩すために腕を振り下ろせばどうなるか。多くの場合、敵の突進力に負けて、腕は弾かれ、ヘタをすれば敵に捕まって、身体ごと後方に持って行かれてしまうだろう。肩を支点にしたヒンジ運動で腕を振り回すだけでは、ぶつかってくる相手に対しては、まるで歯が立たないからである。

そこで、腕が相手に接触した瞬間、身体中のアソビを取って、一気に重心を下に落とす。すると、相手はわけのわからない力が突然降ってきたような感触で崩れていく。なぜこの動きが有効なのか、「上から数十キロのブロンズ像が、ドスンと腕に落とされたような場面をイメージして下さい」というと、かなり多くの人たちにも理解してもらえるようになった。

重心を自在にコントロールする

古武術の発想

タックルをつぶす
―ラグビー、アメフト―

タックルの構えで突っ込んできた敵と接触する。

身体中のアソビをとって重心を一気に沈み込ませる。

アソビをとる、体を沈ませる、それらの動きがピタリと合えば、たまらず相手は地に伏してしまう。

軽い赤ちゃんは要注意

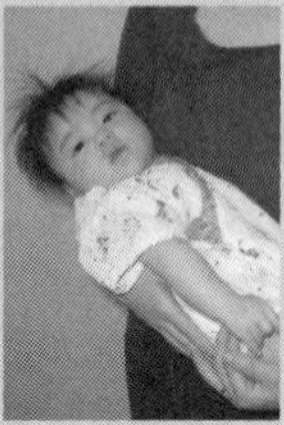

よく眠っている赤ちゃんを抱きあげて、予想外に重く、驚いた経験がないだろうか。これは、赤ちゃんの身体に異常がなく、よくゆるんでいるために、重心が不安定であることを示している。そのため、抱き上げる力の方向が定まらず、抱きにくいのだ。

逆に、抱き上げた赤ちゃんが普段より軽く感じた場合は、赤ちゃんの身体に異変が起きている可能性が高いと考える必要がある。なぜなら、身体に異常が起きると、身体の内部が緊張し、そのために重心が固着したと考えられるからである。

肩の溶かし込み

腕や鎖骨が起こすヒンジ運動を消すために、甲野氏がしばしば用いるのが「肩の溶かし込み」と呼ばれる体の使い方である。

肩をすっと身体の内側に溶かすようなイメージで引き込み、通常に比べて若干下の位置に肩の支点を移動させる。この「肩の溶かし込み」を用いた技を受けた相手は、それまで経験のない支点から力を受けて、対応しきれない。

左の写真は、術者が右手でつかみかかろうとするところを、相手が払おうとする場面。通常なら、術者は上半身を使い押し下げるような動きしかできず、上のようにガードされてしまいやすい。しかし、「肩の溶かし込み」を加えると、逆に下のように相手の方が体ごとバランスを崩しやすい。

相手が払った瞬間、術者の肩が上がってしまい、力が入らない。

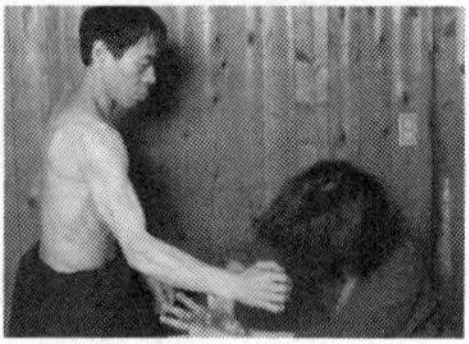

「肩の溶かし込み」を用いると、肩が上がりにくいという効果もある。

球に追いつき、力強いスマッシュを打つ

ミキハウス女子卓球部

ミキハウス女子卓球部監督であり、ナショナルチームのコーチも務める大嶋雅盛氏が、武術を採り入れるきっかけとなったのは、選手のケガを治療する際に教えられた、体のねじれを直す体操だ。武術の動きと関係があると知り、興味を持った。以来、甲野氏の講習会に選手を連れて参加したり、卓球部に招き、武術の動きを披露してもらったりしている。

ミキハウスでは、武術を全体トレーニングの根幹に据えているわけではなく、体のバランスや使い方を変えるための体操に採り入れている。選手は体操を通じて、瞬間的に丹田に集中し、力を肩や肘に伝える術を練習、素速い動きや強い返球を学んでいる。それ以上の取り組みについては、個人の自主性に任せている。

とはいえ、国内では皆、すでにトップクラス。世界を舞台に戦う彼女たちにとって、古武術による効果は劇的ではないかもしれない。それでも「日常生活に武術的な動きが溶け込んでいる中国の最強陣営に肩を並べ、世界で勝つためには重要なポイントになる」と大嶋氏は力強く語った。

写真提供　卓球レポート

古武術の動きを自ら体験するミキハウスの藤沼亜衣選手。アテネ五輪への出場が決まっている。

力の支点を読ませずに力を出す

“センサーモード”の弱みをつく

人間は、つねに周囲の状況を把握しながら行動している。だからこそ、危険を回避できるのだが、その分、予想外のところから力が加わったときには、ひどくもろいものだ。武術の「支点を消す」動きは、この人間の特性をついたものでもある。

◆「センサーモード」と「出力モード」の違い

武術の技には、相手に力の出どころを読ませないという要素が、さまざまな形で組み込まれている。ここには「人間は、識別できない力には対処できない」という大前提があるように思う。例えば、夜中に停電に見舞われたとき、自分がどう行動するかイメージしてみてほしい。明るい場所と同じようには、とても動けないはずである。手探りで周囲の状況を確認しながら動くはずだ。

同様に、通常なら何でもない高さから、目隠しをして飛び降りてみてもわかる。椅子から飛び降りるような高さでも、その高さを確認しないままでは、怖くてとても飛び降りることはできないだろう。なぜなら、飛びおりて足の裏が接地してからでは、脚部を曲げて体の落下のショックを吸収するには遅すぎるからだ。つまり、行動に先だってまず状況把握のための情報が必要ということである。

これは、身の危険を回避する大切な機能であることは確かだ。このときの身体の状態を、私は「センサーモード」と呼んでいる。身体の感覚をとぎすませ、周囲の情報をできるだけ得ようとしている状態のことを指している。

小さいボールをつかむときでさえ、それが見慣れない外見であれば、いきなりつかみにいかず、まずはつついたりして、動かしにくさや素材の感触などから確かめるは

センサーモード時の体

周囲の情報を得る時の身体の状態「センサーモード」では、身体の力を抜かざるをえない。外からの力にもろくなるのは当然だ。

ずだ。このとき、ボールに触れる手には、ほとんど力を入れていない。手の感度を高め、触れたものを判別しようとするからだ。

センサーモードで周囲の状況をきちんと理解してから、身体は「出力モード」に切り替わる。この段階で、ようやくひとつの目的に向かってパワーを出すことができるようになる。例えば、ボクサーがパンチを受ける場合でも、予測できていれば相当強いパンチでも耐えられるという。これも、そのパンチに向けて防御態勢をつくるように、身体が出力モードに切り替わっているからと言えるだろう。

◆「床が斜めに持ち上がる」感覚を与える抱え上げ方

出力モードとセンサーモードの盲点をついた技が「抱え上げ」である。これは、足裏の垂直離陸の足使いを研究するうちに気づいた技だ。腰を落として相手の足を抱え上げるシンプルな技だが、相手も同様に腰を落とし、足を上げられないように耐えているわけで、普通に考えれば、筋力によほどの差がないと難しい。通常なら試そうとも思わないほどムリな動きだ。

しかし、足裏の垂直離陸を用いると、軽々と相手は持ち上がる。これはおそらく、足裏を垂直離陸させるように使うと身体中のアソビが取れ、全身の力が直接足の抱え上げに参加できるためではないかと思う。戦国時代の武将が着込んでいた鎧も、全身を覆うように身につけていたからこそ、その重さに耐えて駆け回ることができた。これを脱いでまとめ、腕で持ち歩くとしたら、とても思うようには駆けられないし、すぐに疲れてしまうだろう。

通常の動きなら、左足を踏ん張った反作用を腕に伝え、相手を抱えようとするところだ。私が足裏の垂直離陸を用いた場合は、通常とは正反対に、足を踏ん張るのでは

武術の動き

腰を落とし、片手で相手の足を抱え込む。

足裏の垂直離陸の動きで身体のアソビをとる。

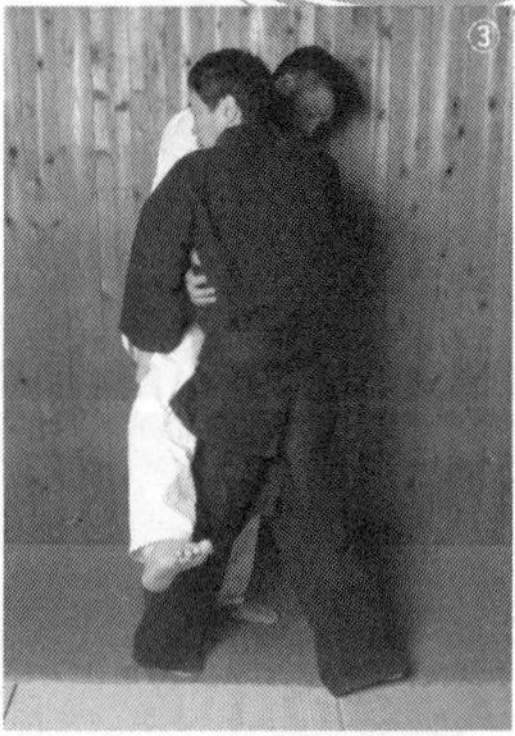

そのまま力を加えると相手が持ち上がる。

通常なら床に向けて踏ん張る左足を、術者は逆に持ち上げようとする力を働かせる。

なく、引き上げるのである。

これで、普通の体勢ではとても持ち上がるとは思えない重さが、驚くほど簡単に上がるから不思議である。そこには、何らかの巧妙なシステムが構築されているような気がするが、理由はハッキリとはわからない。ただ、武術によって発想を広げるためにも、この技の原理をふたつ考えてみた。

ひとつは、ヨットが前進する原理だ。ヨットは、進行を止めようとする向かい風の力が働いているときでも、巧妙に帆を左右に切り返せばジグザグではあるが風上に向かって進める。これ

ヨットは向かい風のときでも、帆を切り返しながら風上に進める。武術の術理を理解するうえで非常に示唆的だ。

に似たシステムが身体に構築されたのではないか。

もうひとつは、動滑車の原理だ。中学の物理で学んだと思うが、定滑車に対して動滑車は半分の力で荷物が持ち上がる。足裏の垂直離陸で身体のアソビをとると、普通とは違う身体の連動性が構築され、動滑車的な働きが生まれるのではないか。

とにかく、理由はハッキリわからないが、受ける相手はほとんど無抵抗のまま抱え上げられてしまう。なにしろ、この技を受けた相手は「床が斜めにぐっと傾いてきたようだ」と表現することが多い。普通に考えれば足をつかむこちらの手のひらから圧力を感じるのが当然だと思うが、そうは感じないらしい。それは、自分のどこに力がかかっているのか、識別できていないからだろう。

つまり、足裏の垂直離陸の動きにより、相手は身体を出力モードに切り替えられず、センサーモードのままこちらの力を受けてしまうのではないだろうか。そして、自分の身体が傾いているのを感じれば、ますますセンサーモードは鋭敏になる。その間は力を出せないため、あっさりと抱え上げられてしまうことになる。身体に敏感な人は、この説明を読んだだけでできるようになると思う。体験し、原理を考えてみてほしい。

原理を理解すれば、きっとさらに有効な技を開発することができるだろう。

◆腹部を起点に出力する正座での押し合い

力の支点をずらすという意味では、正座での押し合いの技も参考になる。お互いが膝を着き、つま先を立てた姿勢で向き合い、腕を伸ばして押し合う格好をとる。通常なら、2人とも床に接した膝やつま先を支点に出力することになる（136ページ参照）。

この姿勢では、お互いの力が正面衝突して拮抗《きっこう》してしまうか、筋力で上回る人間が押し切るのが普通だ。押し切られない場合でも、筋力で下回っていると、肩が後ろに詰まった状態になることが多い。こうなると力の支点がずらされているので押し返せない。

しかし、今まで述べてきたような発想の転換を行い、膝にある力の支点を浮かせるようにすると、がらりと状況が変わる。床に着けた膝を浮かそうとしながら押し合うと、相手は簡単に崩れてしまうのだ。実際は紙一枚の厚さ程にも膝は浮かないが、膝を浮かそうとする動きが身体のアソビをとり、うねらない動きの準備を整える。この動きは足裏の垂直離陸の発想に近い。

膝を上げようとする動作によって、身体に緊張が走るのと同時に、下腹部に充実感

常識的な動き

通常は膝とつま先を支点に踏ん張る動き。

力の支点を悟られているので押し込めない。

武術の応用例

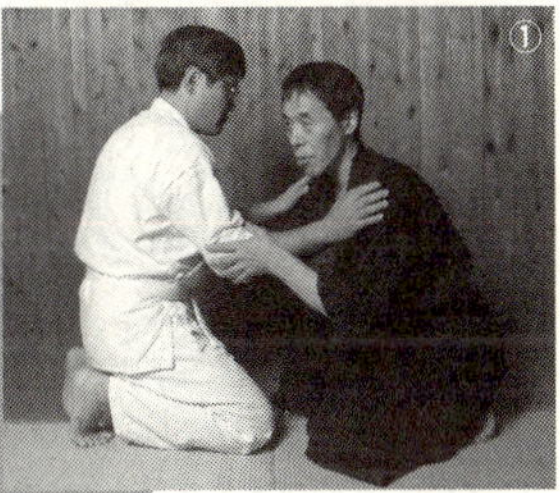

膝とつま先を床につけた状態で相手と向き合う。

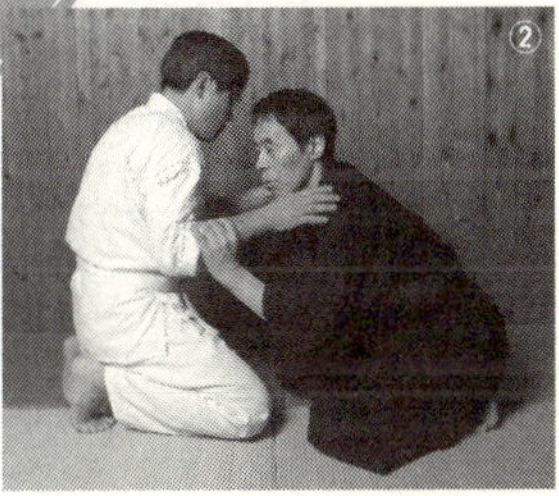

膝を床から浮かす動きで腹部に力の支点を移す。

同時に「肩の溶かし込み」を加える。

相手は力の支点を読めず、押し込まれていく。

膝を上げる動きにより下半身の力が、
「肩の溶かし込み」により上半身の力が
丹田に集約される。

が満ちる。これは膝にあった力の支点が腹部に移動したことを意味している。しかし、腹部を支点にするといっても、腹部に関節があるわけではないため、通常の踏ん張りの状態が生まれないのである。私はよく「下腹部に支点を置くというのは、感覚的には具体的だが物理的には抽象的だ」と説明している。腹部に支点を置くと、感覚的には確かでも、物理的に支点となる関節はない。結果として「支点をぼかした」動きに繋がるのだと思う。そのため、相手の力が攻め込んできても、攻めるポイントが見つからないため、力が空回りしてしまうのではないだろうか。少なくとも私はそうした感覚を覚えている。

ここではさらに「肩の溶かし込み」(126ページ参照)の技術を加え、肩の力の支点もぼかしている。つまり、通常なら膝と肩に存在した2つの力の支点を変化させているわけである。押し返そうにも肩の支点は読めないし、腹部の支点も宙に浮いているようなもので、ぼかされてしまう。正面から対処できると思っていた力が予測を裏切って作用してくれれば、前述の「センサーモード」が発動するから、ますます相手はもろくなる。一方、こちらはアソビの取れた身体で対抗できるため、瞬時に全身の力が相手に伝わる。この術理どおりの状況になれば、相手がなす術もなく崩れていくのも当然である。

古武術の発想

相手に予測不可能な力を作りだす

分離した働きが相手を押し潰す

力を別々に作用させ、幻惑する

不動剣《ふどうけん》

◆力を合成させずに動き支点を悟らせない

これまで説明してきた力の支点をぼかす技は、過去の武術のなかに数多く見られる。例えば、私が以前学び、かつて〝今武蔵〟の異名をとった国井善弥師範によって古流の世界でその名を知られた鹿島神流剣術（147ページコラム参照）の「不動剣」にもその典型を見ることができると思う。これはつばぜり合いの場面から相手を押し潰していく技のひとつである。

現代剣道で行われているつばぜり合いは、お互いが足を踏ん張り、正面から力をぶつけあう形になりやすい。そのため、つばぜり合いは、ボクシングのクリンチのような〝休憩時間〟になりがちである。

しかし、この「不動剣」を使える状況に入れば、筋力で劣っていても、つばぜり合いで相手を軽々と崩すことができる。まず、お互いの刀で押し合っている状態から、自分の刀を垂直に立て、手首を内側に巻きこむ。70ページですでに解説したが、これを「満月に絞る」という。こうすると手首を巻き込むため肩が上がらず、相手の身体が自然と近づいてくることになる。

最大のポイントになるのは、この状態からの動きだ。膝を曲げて身体を下に沈ませつつ前進する動きと、巻き込んだ手首をほどいていく動き、そして、竹刀を横に倒し

※技の図解にある矢印の見方は目次を参照

て相手の竹刀を制する動きの3つを同時に行うのだ。こうして、たやすく相手を崩すことができる。

動きそのものは簡単に見える。形だけなら、誰でもマネできると思うのではないだろうか。ところが、ただ3つの動きを同時に行うだけでは、相手を崩せない。3つの動きを同時に行ったつもりでも、普通は、それぞれの力が混ざりあってしまい、結局は1方向からの力として相手に作用してしまうからだ。これでは力の支点も固定されており、相手もたやすく抵抗できる。こうなると、たんなるつばぜり合いと何ら変わらない、普通の力比べに逆戻りだ。

◆3つの力を一斉に働かせて相手に対処させない

ところが、鹿島神流の動きの場合、3つの力が混じってしまわないまま、別々の力として、相手に作用させるところに意味がある。こうした動きに慣れていない相手は過去の経験則から、1方向からの力を予測して刀を構えている。そこに、過去に経験のない、3方向からの力が同時に作用してくるのだから、ひとたまりもない。

3方向からの力とはいっても、結果として、相手はなにか斜めの力に押し込まれた感覚を味わっているようだ。しかし、出力する側で力を合成していないと、非常に対処しづらい。1方向からの力を把握できても、残る2方向からの力までは、対処しき

武術の動き

まず自分の目より低い位置で相手と斬り結ぶ。

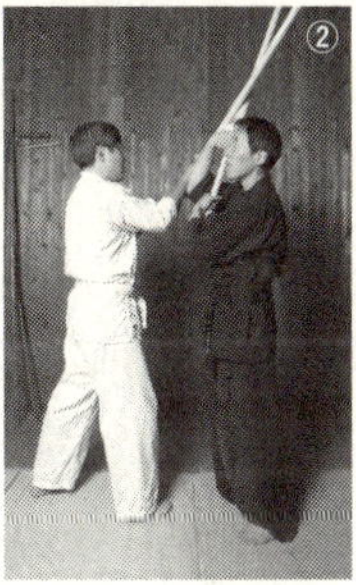

次に手首を内側に巻きこみながら顔の前に吸い込んでゆく。

身体を沈ませながら手首をほどき、竹刀を横に倒しつつ前進する。

3方向への力を、合成させることなく同時に作用させる。相手は斜め方向からの力として感じるが、特定の支点を把握できず崩される。

れるものではない。これも、力の出どころをぼかすことで生まれる効果だ。

大変よく考えられた動きの原理で、今から30年ほど前にこの技を教えられ、その後私なりにこの原理に気づいた時は、古流の武術の発想の豊かさ、創造性に感嘆してしまった。現在の私は、つばぜり合いの状況になった時、斬り結ぶ位置が高いことも多いので、大体は体術の「切り込み」の応用形で対処している。しかし、この「不動剣」の身体の使い方は私のなかで血肉と化して、杖や体術などさまざまな場面に応用されている。今回、私の母流儀ともいえるこの鹿島神流への感謝の気持ちとともに、この「不動剣」の私なりの理解を述べさせていただいた。

◆相手を背後に引き落とす時も力の分離が使える

剣術でなくても、この別方向の力の合成による技は応用できる。例えば、相手の背後から肩口に手をかけ、床に引き倒す技だ。

通常ならば、これも簡単にかかる技ではない。こちらの手が相手に触れているぶん、相手に動きを読まれやすく、十分な余裕を持って対応されてしまうためだ。そもそも、相手はこちらがどう力を加えるか、簡単に予想できるのだから、常に同じ方向に踏ん張っていればいいのだ。足を前後に開いて立たれてしまえば、力づくで引き落とすのはなかなか難しい。

フェイントのつもりで前後左右に相手を振り回してみても同じことだ。いつかは背後から引き倒そうとする力がくる、と相手は予測しているのだからやはり分が悪い。

やはり、問題になるのは、引き倒そうとする力の方向が相手に悟られていることだ。この状況を変えるために、力の分離の発想を使う。いきなり下に引き落とそうとするのではなく、まずは軽く前後に相手の身体を揺らしてやるのだ。するると、相手の身体には、その動きに反発するように力を加えたのとは逆方向に向けて踏ん張ろうとする力が生まれる（75ページ参照）。

前に向けて揺らした瞬間、つま

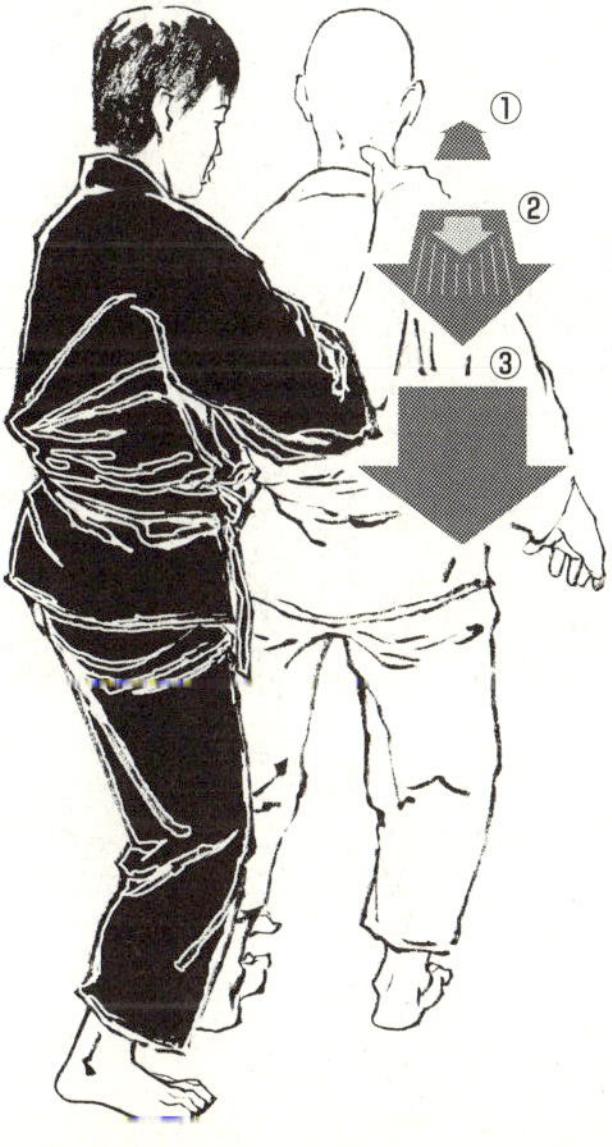

相手を床に引き倒す時は、相手の身体を前後に揺らしながら、自分の身体を沈みこませる。ここでもふたつの力を別々に作用させる。

り、相手の身体が後ろ向きに踏ん張る力を発している瞬間に、後ろに相手を揺らしながら、自分の身体を下に沈ませるのだ。このときも、ふたつの力が相手に作用する前に合成してしまっては、ただ斜め下に向けて引き倒す力が働くだけだ。それでは、力づくで引き倒そうとしたときと同じように、たやすく相手はこらえてしまう。

大切なのは、後ろに引く力と、下に引き倒す力のふたつを、分離させたままで相手に作用させること。もっと詳しく言えば、下に引き倒す時には、前述した「抱き上げの潰し」と同じように、身体全体の沈み込みを使っている。いずれにせよこの技は、鹿島神流のつばぜり合いからの崩し技「不動剣」と同様の術理である。複数の方向に働く力を一斉に作用させることで、相手が十分な対応を発揮できない状況を作り出すわけである。

古武術の発想

複数方向への力を同時に出して相手を崩す

現代剣道を救った〝今武蔵〟

〝今武蔵〟〝最後の剣豪〟とまで謳われた鹿島神流第18代師範、国井善弥にまつわるエピソードはどれも痛快である。例えば、現代剣道を「竹刀遊戯」と罵倒し、剣道界から異端視され続けた国井氏こそが、現代剣道を救ったという事件だ。

戦後、GHQは剣道を「特攻隊精神の表れ」と見て、禁止措置を布いた。措置を解くには、GHQに日本武道への理解を促すしかない。そう考えた剣道界は、米国の銃剣術のエキスパートとの試合（米国側は真剣、日本側は木刀を使用）を企画、実現させた。

この試合では、相手を傷つけず、なおかつ圧倒的な実力差を見せてこそ、日本武道の奥深さがアピールできるというもの。そこで選ばれたのが、嫌われものの国井氏。その実力は剣道界も認めざるを得なかったのだ。結果、国井氏は圧倒的な力を見せつけ、勝利。剣道復活に貢献した。

納刀法

刀の切先を鯉口に導き、鞘を握った左手で刀身を迎え入れる。納刀は、左右の手の同時並列的な動きが要求される非常に精密な所作だ。抜刀、納刀を繰り返すだけで武術の稽古になると言われる所以である。

「闇夜の戦では、勝った方は切先も鯉口も見えないから刀は灯火をつけてから納めるらしい」

甲野氏は、とある大学の研究者がこのように話すので、目隠しで抜刀し、納刀してみせた。いかに現代社会が、視覚情報に頼り、身体感覚を信じていないかを表すエピソードだ。

困難な状況が精妙な技を育てる

刀の柄と右手をがっちり抑えられてしまい、このままでは抜刀できない。敵が複数ならば、次の瞬間、斬りかかられて、一巻の終わりだ。常識で考えれば脱出不可能なこの状況で、どうすれば生き残れるか。

◇抜刀術、居合の技にみる武術の厳しさ

この本で紹介した武術の技の多くが、術者に対して不利な状況設定を強いているが、なかでも抜刀術（あるいは「居合」）は、その典型例である。相手がすでに刀を抜き放っているのに、こちらの刀は鞘に収まったまま対するというのは、考えてみれば異様なものだ。

新田宮流居合の伝書によると、全ての居合流派の始祖と伝えられている林崎甚助は「三尺三寸（約1メートル）の刃長がある刀を用いて、敵が九寸五分（約30センチ）の小刀で突いてくるところを斬り止める」という状況設定を自らに課し、その技を工夫したという。しかしそれが叶わず、明神に参籠《さんろう》して祈願をかけ無想のうちに神伝を得て、ようやく術理を会得したとされている。

つまり、居合という武術は「相手が先に太刀を抜いている状況を打破するのは不可能」という大前提が出発点なのである。確かに、不意の襲撃に対して間髪を入れずに腰の刀を抜き、その抜くと斬るとに間がないという居合は、ごく近い間合いでの飛び道具ともいえるもので、非常に実戦的だろう。しかし、常識的に考えればこれを体現するのは至難である。

このことから、居合の実効性を疑問視する声は江戸時代から根強い。現に今、剣道

家の打ち込みに対して抜刀が間に合うと言い切れる使い手は、私の見るところ皆無に近い。そもそも、現代の居合は、間に合うことよりも、日本刀を抜く動きの様式美を重視しているような感がある。実際に相手に有利な状況下で打ち込ませ、これに間に合うことを目指して稽古をしている居合道家を私は知らない。

しかし、現在居合道を稽古する人たちには、居合の原点とは「生命のやりとりの場」であったことを思いおこしてほしい。実現できなければ、自分が死ぬ。そんな時代に不可能を可能にする工夫を行う者が現れたのは、必然的なことだったのだろう。居合に限らずとも、命がけの状況が日常的に出現する中で磨かれた武術の身体操法が、現代人の常識と大きく異なっていたのはむしろ当然だろう。

◇「命を守る」必然性が動きの質の転換を促した

動きの質的な転換という発想も、その環境のもとで生まれたものだろう。力をため、うねらせる常識的な身体操法のままで練習を積んだとしても、抜本的な解決にならないことは明らかだ。そうした工夫をした古人に習い、もっと効率がよく、より速やかで、力まず威力のある動きはできないか。試行錯誤を続けるうち、近年まとまってきたのが「ねじらない・ためない・うねらない」という身体操法だったのである。

私が研究している武術の技の多くが、術者に対して一見不利な状況設定を強いるの

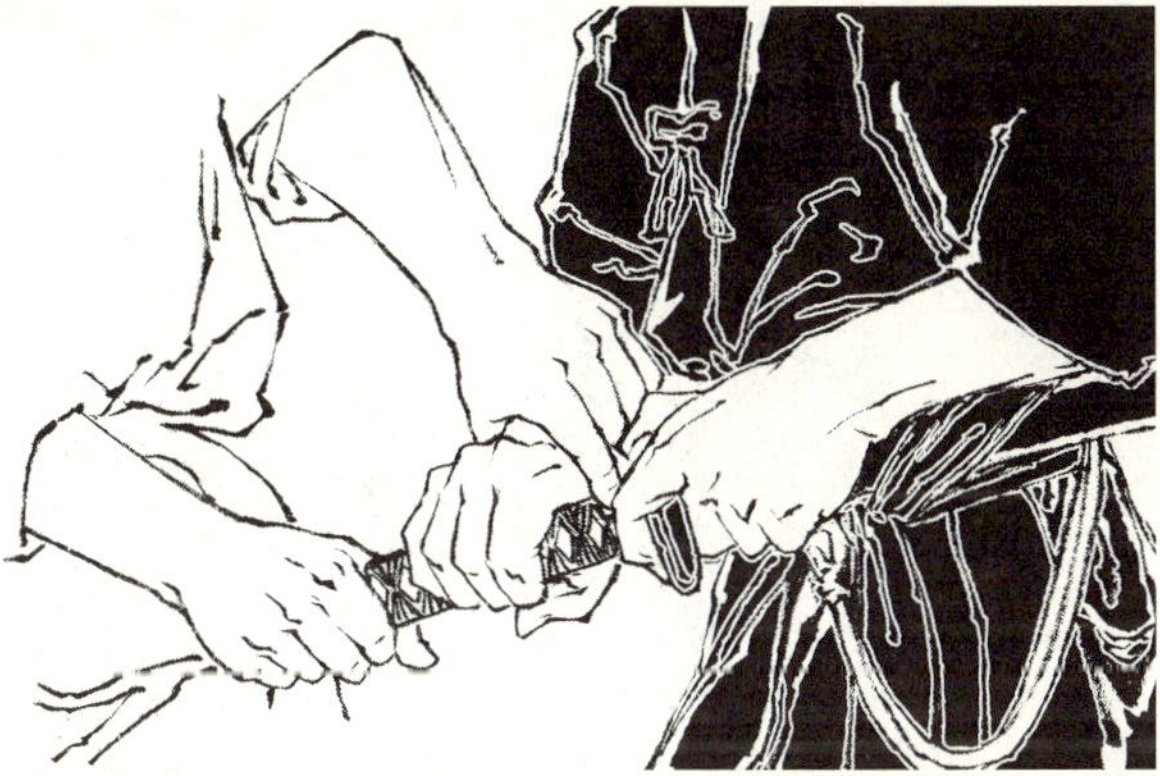

柄にかけた手と柄の2点を抑えられた状態。「刀を抜かせない」という究極の防御法として研究されていた。

も、そうした状況を切り抜けることこそ、武術の本質に迫る道であると考えているからだ。

　例えば、上の図を見てほしい。こちらが抜刀しようとした時、相手によって柄にかけたこちらの手と柄の先を抑えられてしまった状態である。帯刀した者同士が戦う時、江戸時代など場所によっては抜刀が物議を醸すことが多かった。そうした際、相手に刀を抜かせないことは重要であり、どこをどう掴むかは、いろいろ研究されていたようである。

　これは普通なら抜刀しづらい状態だ。かといって柄から手を離せば、相手に太刀を抜き取られる。

この体勢から体幹部の働きで刀と鞘を一緒に大きく時計まわりに動かし、相手を崩して抜刀のチャンスをつくる。

複数の人間にとり囲まれていれば、直にこの状態から自由にならないと、無惨な目に遇うのは明らかだ。

◇現代人が失った生のリアリティ

しかし、前述した通り、武術の技の本質は、こうした状況の打破だ。一見動きづらいこの状況から身体の内側の感覚を手がかりに身体を操作して、窮地を脱するのが術である。ここでも足裏の垂直離陸の動きが使える。足の裏全体を同時に、地面に対し水平なまま引き上げようとする動きをきっかけに、身体のアソビをとって動くのだ。支点が読めない力で身体全体を動かし、相手に制されていた状況を逆転し、相手を崩す。相手が体勢を崩せば、こちらが抜刀するチャンスも生み出せる。

常識的な身体操法に慣れた目には不可思議に見える武術の動きも、その誕生の背景には、命を守るという切実さがあったということだ。一見、実現不可能な技術であっても、それなしでは命を落とすという状況下で、当時の武術家たちは探求に力を注いだことだろう。

我々が、そうした厳しい状況が思い及ばない現代に生きていることは確かにありがたい。しかし、「得るものがあれば失うものがある」の言葉通り、それによって我々の「生きている」という瑞々しい実感も、遠くなってきているのではないだろうか。

Part 2

対談

武術の動きを発想転換のきっかけに！

日本のオリジナリティを追求する

田上氏が中心となり開発された、現ASIMOの原型モデル「P2」。

二足歩行ロボットが完成に至るには「倒れる力」を利用するという発想の大転換が必要だった。本田技研工業のロボット開発創始者である田上勝俊氏とともに、武術をモノづくりに活かす発想法を探る。

田上勝俊（二足歩行ロボット開発創始者）×甲野善紀

昔の武術家は50歳代がピークだった

甲野　以前から本田技研工業の「ＡＳＩＭＯ」には興味を持っていました。田上さんは人間型ロボットの開発を手掛ける基礎研究所の初代所長として、二足歩行の研究に携わられたと聞いています。

田上　プロジェクトの始まりは１９８６年でしたが、世間に発表できる人間型ロボットが完成するまで、実に10年の歳月を費やしました。

まずは試作モデルを作ることにしましたが、そもそも人間の歩行原理がわからない。研究機関もありませんでしたから。

そこでリハビリセンターに協力してもらったのです。すると、ようやく歩行原理が見えてきた。例えば、足の指の有無は歩行にほとんど関係がないんですね。

甲野　そこで集めたデータをロボットにプログラミングしたと。

田上　はい。しかし、人間らしい速度と姿勢で歩けるようになっても、転倒しやすい

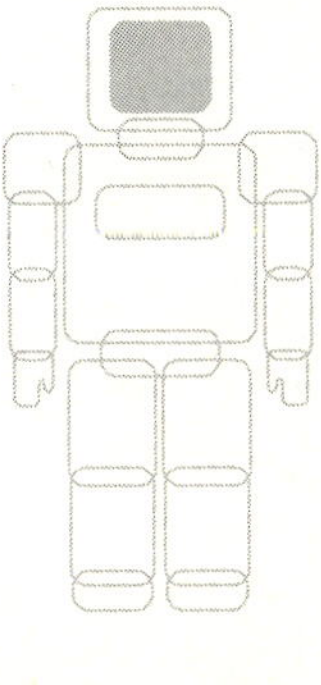

田上勝俊
(たがみ　かつとし)
1939年静岡県生まれ。静岡大学工学部卒業後、本田技研工業入社。基礎研究所初代所長として人間型二足歩行ロボットの技術開発に従事。同社在籍中の特許取得数は350件にのぼる。

「ASIMOの転倒する力を利用する考え方は、武術の『不安定を使いこなす』ことに通じる」──田上

という問題がなかなか解決できなかったのです。特に、足が着地する瞬間の衝撃が難敵でした。足部にゴムを挿入し、関節の制御でなんとか抑えても、まだ転ぶ。

悩みに悩んだ結果、私たちが「転ばせまい、転ばせまい」としていた点に原因があると気がついたのです。

甲野　そこで、転倒しようとする力を利用するという発想が生まれたんですね。

田上　倒れそうになった方向へ積極的に加速することで、姿勢を回復させる。これが安定歩行の決め手になりました。

この、転倒する力を利用する考え方は、甲野さんが言う「不安定を使いこなす」ことに通じると思います。

甲野　そうですね。武術では積極的に不安定な状態をつくることで、通常では考えられないような力や速度を生み出す工夫をしますが、これは現代スポーツにも応用でき

ると考えています。

例えば短距離走です。私が考える100メートル走の理想形は「スタートでつんのめって、転びそうになる状態を維持しつつ、体幹部の働きで何とか転ばずにゴール地点までもたせる」というものです。階段を駆け降りるとき、体に〝もどかしさ〟を感じませんか。それは、降りの階段はもし転んだら大ケガするおそれがあるため、体に強烈なブレーキがかかるからです。それが、平地ではさほど意識されないために、そのブレーキを外すことに研究が向かなかったのだと思います。

田上　倒れるギリギリでもバランスを取ることができれば、もっと速く走れる可能性があるということでしょうか。

甲野　その通りです。私は「ござ引き」という稽古を勧めていますが、これは畳

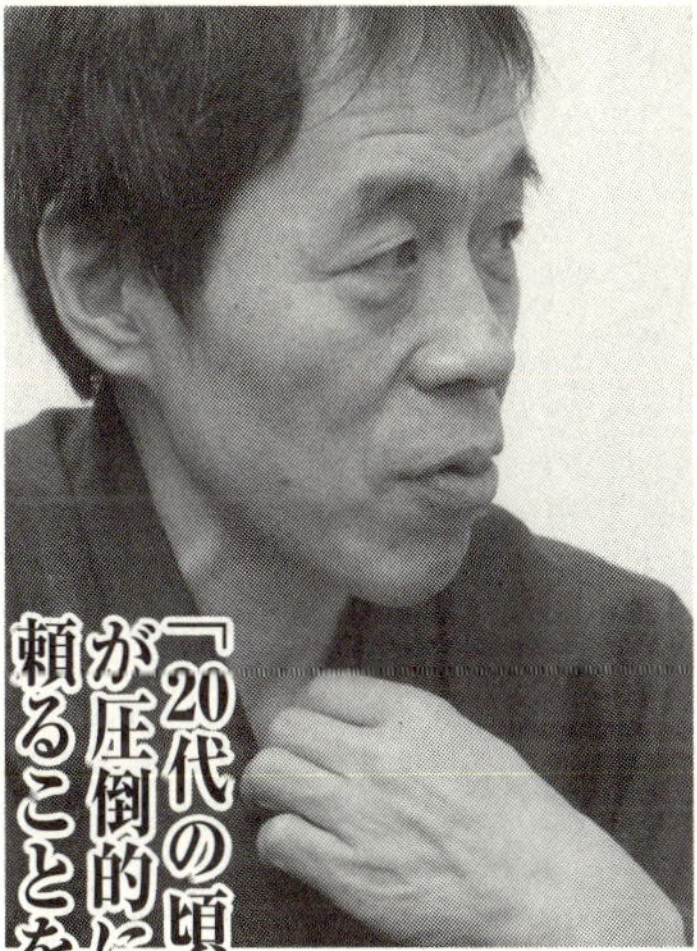

「20代の頃よりも54歳の現在のほうが圧倒的に速く動けるのは、筋力に頼ることを一切やめたから」――甲野

の上に置かれたござの上に立って、一気にござを引かれても、それで足をすくわれて倒れないような体を養成するものです。引かれた瞬間にパッと膝を抜いてござをやりすごす。それ以外にも体幹部を働かせる訓練法はいろいろ工夫できると思いますが、訓練を積めば、徐々に「倒れまいとする脳の制御」が解けるでしょう。

しかし、スポーツ科学や身体工学は、筋力に頼るあまり、こうした体の使い方に全く目を向けてこなかったようですね。

田上　それはロボットを「安定させよう」と考えたのに似ていると思います。

甲野　現代はあらゆる場面で発想の転換が必要になっています。私は筋力があった20代の頃よりも、54歳の現在のほうが圧倒的に速く動けますが、これは筋力に頼ることを一切やめたからです。武術の世界ではだいたい50歳から60歳がピークだと言われています。

田上　私は60代ですが、もう体の衰えに逆らっても仕方がないと思っていました。これから稽古を積めば、私でもある程度武術の動きを修得できるのでしょうか。

甲野　興味を持って取り組めば間違いなく動きはよくなると思います。

安定でも不安定でもない「非安定」を維持する大切さ

甲野　では、実際にここで技を体験していただきましょう。私が田上さんの太腿を持

武術の技「抱《かか》え上げ」を体験する田上氏。「力がどこから出てくるのかがわからないんですよ」

ち上げようとしますが、普通はよほど力がないと絶対に持ち上がりません。しかし、私の左足全体を垂直に上げるような動きをすると……このように簡単に持ち上がります。（技の詳細は128ページ参照）

田上　床が上がってくるような感覚ですね。なぜ、こういうことが起こるのですか。

甲野　現実に体のなかで何が起こっているかは私にもわかりませんが、イメージはできます。ヨットは三角帆の方向を切り替えることで、向かい風の中でも進める。単純な帆かけ船からすれば考えられないことですね。雑なたとえですが、この技も常識的に考えると踏ん張ったほうが大きな力が出そうなものを、逆に左足を垂直に上げることでまったく違った力が発生するのではないかと考えています。

田上　不思議ですね。甲野さんの著書やビデオから、私なりに仮説を立てていたのですが、外側から見るだけではなかなか原理がわかりません。

ただ、甲野さんの考え方を組織論に適用すると、共通する部分が多いと思うんです。例えば、工業製品を製造する場合、特に自動車であれば人の命に関わるものなので、品質管理を徹底しなければなりません。となると、組織も安定したヒエラルキー構造であることが求められます。

しかし、こうした組織では新しい発想が生まれにくい。これまでにない技術を生み出すためには、組織に属する人それぞれが自由である形態が有効です。ただ、ある面で不安定な状態ですから、一歩間違えば組織自体が成立しない。

甲野　どうしても矛盾するわけですね。私は武術の定義を「矛盾を矛盾のまま、矛盾なく取り扱う」と言っていますが、矛盾をどう克服するかが工夫のしどころなのです。例えば、武術はある面では敏感さを必要としますが、これは動揺しやすいことでもある。だから、反面では「物に動じない」「取り合わない」という一種の鈍感さも求められるのです。こうした矛盾する要素を兼ね備えるのが武術の要点だと思います。

田上　組織でも同じです。個性のある一人ひとりが自由に行動しながら、ひとつの方向に向かう。この一見矛盾した状態を組織内でつくることができれば、非常に創造性のある集団になります。

私はこの「安定でも不安定でもない、その間のギリギリのところ」にある状態を「非安定」と呼んでいます。

甲野　「非安定」とはいい表現ですね。私も今後使わせていただくかもしれません。武術では安定も大事ですが、これはともすると「居つき」というその場に囚われた状態になってしまい、瞬時に対応できません。その意味で、安定していない状態を使いこなし、常に瞬転瞬発できるような状態を保つことが大切です。

田上　今の日本は安定を重んじるあまり、新しいものを生み出そうとする気運が薄れているように思えます。例えば、現在の開発の現場には、図面を引く作業がほとんどありません。従来の知識や知恵がデータとしてコンピュータに入っているので、仕様を入力するだけで望ましい図面が瞬時に出てくるのです。

甲野　そのように、すべてがマニュアル化されていくと、本当の意味での職人は失われていきますね。

体を使った教育で創造性を取り戻せ！

田上　優れた技能者はどんどん減っています。本田技研工業でガスタービンを作っているある技能者は、長尺のガスタービンの中心を、ドリルを使ってミクロン単位で削ることができます。彼は、作業をする時に静かに目を閉じて、加工台に手を置くんですね。これはドリルがタービンを削る音に集中し、同時に手から伝わる振動を感じるためです。これでドリルがしっかり中心をとらえているかがわかるというのです。こうした技術はとてもデータ化できません。

甲野　それは教育の方法にも大きな問題があると思います。かつての職人たちは、内弟子たちには技術を教えることはせず、雑用しかさせませんでした。しかし、ある日突然やらせてみると、雑用をしている間に十分にシミュレーションしていますから、ちょっとしたヒントを与えるだけでパッとできてしまうんです。

田上　師匠は弟子ができるようになる時期を、しっかり見計らっているのですね。

甲野　これに対して、最初から教えてしまうと当然すぐにはできませんから「できない自分」のイメージが残ります。できない自分をその都度自覚させせながら少しずつ修正する練習方法は、もともとアマチュアを教えるもので、未経験のことへの対応力が育ちにくいと思います。

田上　企業でも同じです。私が本田技研工業に入社した頃は、新入社員の教育カリキュラムなどないので、先輩にくっついて見よう見まねで技術を習得していきました。しかし、現在の「至れり尽くせり」の教育では、失敗しない人間はできても、クリエイティブな人は生まれにくい。

甲野　子どもたちに体を使って学ば

「日本は『和魂洋才』なんて言ってきたが、実は魂の方も削がれてしまった」—田上

せる機会が減っていることが問題だと思います。それは武道やスポーツだけでなく、実際に自分の手でモノを作ることも含みます。バーチャル世界では選択肢が限られますが、現実の失敗の形は無限にある。そこから思わぬ工夫が出てくるものです。マニュアル人間と呼ばれる人たちがその場の状況への対応力に欠けるのは、そうした「体を使ってものを考える経験」をしてこなかったからではないでしょうか。

田上　同感です。マニュアルという文化は西洋から流入したものです。日本は「和魂洋才」なんて言ってきたが、実は魂の方も削がれてしまった。

甲野　その意味でも、あらためて日本人が古来から育んできた知恵や訓練法を見直す時期にさしかかっていると思います。

田上　甲野さんに勇気づけられるのは、まさにその点です。近代技術と呼ばれるもののほとんどは西欧由来のもの。現代日本は西洋に追随してきただけだとさえ思えます。しかし、甲野さんが再発掘している武術は、その西洋的な常識を覆す可能性を秘めた、まさに日本のオリジナルです。スポーツの分野はもちろん、私たちが手掛けるモノづくりの分野にも、武術の考え方や理論が新しい発見をもたらしてくれると素晴らしいと思います。

自宅でできる
古武術の動き

**現代人が身体感覚を忘れてしまった背景には、
偏った生活スタイルがある。
これを根本的に解決するには、毎日少しずつでもいい、
体を動かし、自分の身体感覚を見つめ直す時間が必要だ。
この章では、自宅で手軽に試すことができる古武術の動きを紹介する。**

腰・膝への負担を軽くする
バランスのいい歩き方

武術的な歩き方を応用して、
効率のいい階段の昇り方や重い荷物の持ち方を実践しよう。
日常生活を通して身体バランスを調整できる。

同側の手足を出すナンバ歩き。体にねじれが生まれないので、膝痛、腰痛はずいぶん楽になる。

現代的な動きでは、一段昇るたびに足に力を込めるため疲れる。武術の発想を活かして重心を前に傾けながら足を前に出していくと、勢いで一気に上まで昇れてしまう。なお、このとき荷物を持っていたら、169ページの持ち方で、やや前に荷物を差し出すようにする。そうすれば一層速く昇れるだろう。

◆階段は武術の動きで効率よく昇れる

ナンバの歩き方が腰に負担をかけないことは91ページでも紹介した。ナンバ歩きを心がけたおかげで、腰痛や膝痛だけでなく、リウマチや変形性関節炎が快方に向かったという人も実際にいる。このことからも、一般化している歩き方というのは、知らないうちにかなり体に負荷をかけていることが考えられる。

まず、武術的な歩き方の応用例として、階段の効率的な昇り方を紹介しよう。

現代的な動きで背筋を伸ばして階段を登るのは、実はとても効率が悪い。まず頭の動きを意識してみると、上下に動いていることに気づくと思う。これは、一段一段、伸び上がって勢いをつけながら、体重を上に運んでいるからで、前進するエネルギーを、一歩進む度に生産し直しているためムダが多い。

武術的な所作で疲労を軽減するには、背中を軽く前に倒し、奥襟を前から斜め上に引っ張り上げられているような意識で昇っていくといい。頭が階段と平行に移動する感覚で、転びそうになるのを次々に足を出して防いで行くイメージだ。

山寺などにある長い石段でふたつの昇り方を試してみると、疲労度は明らかに違うと思う。

◆手提げ荷物も持ち方ひとつで武術の鍛練に

手提げの荷物を振りまわすようにして道を急ぎ足で行く人をしばしばみかける。普通の持ち方で歩いていると、左ページのイラストの右の例のように、荷物を持つ手が内側に巻きこまれて、体と荷物が離れ、荷物が揺れて文字どおり歩く人の足を引っ張っている観がある。

そこで、手首を軽く上に返した持ち方を試してほしい。人さし指はほとんど使わず、浮かせるくらいがいい。こうすると、荷物が体に添うようになり、体幹部で荷物の重みを受け止めることができ、下腹に重心が落ちてくる。この持ち方は、慣れないうちは手首が緊張して疲れるが、荷物の重みによる負荷は体全体にかかっているので、歩きやすいうえに単なる消耗にはならず自然と体の養成に繋がる。

人間は気持ちの持ち方で体の感じもまったく違ってくる。荷物が重くて疲れるという不平も、気持ちを切り換えて、時間を無駄なく使って武術の鍛練をしていると思えば、かえって体は丈夫になる。

ちなみに、この手首の形は刀を正眼に構える際の「切り手」という柄の握りに通じている。腕からの力をまっすぐ刀身に伝えられる持ち方である。

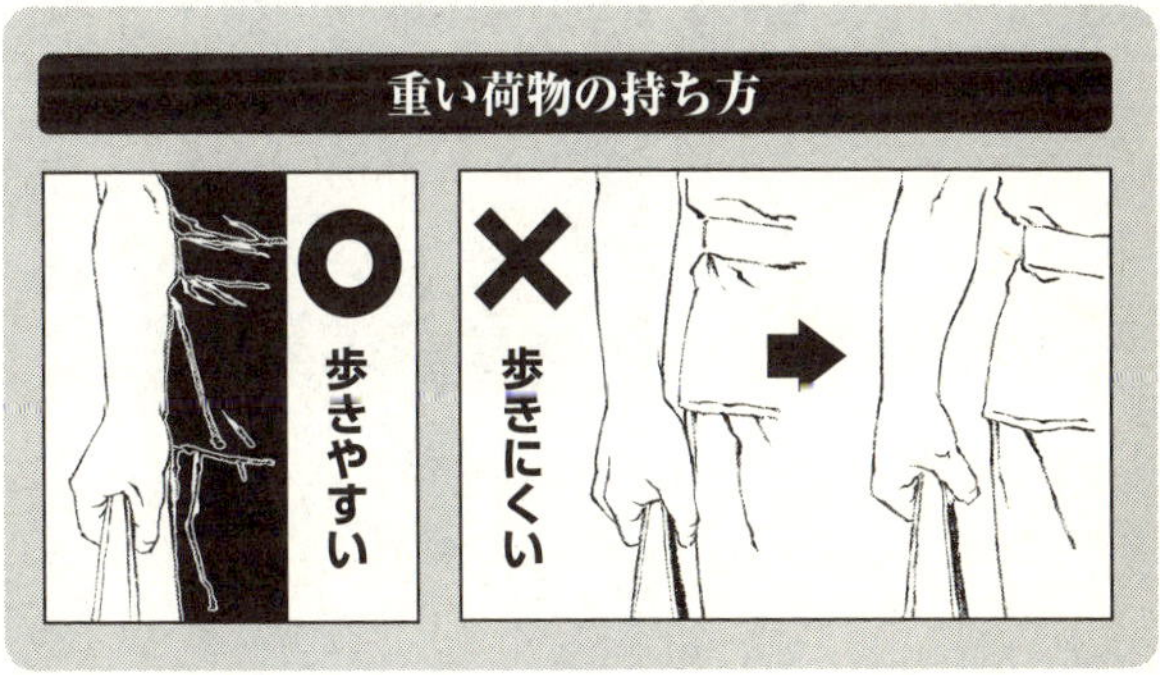

荷物を持つときは、軽く手首を返して持つと体全体が楽になる。親指と人さし指の股と、前腕部の筋肉を結んだ線が地面に対し垂直になるように意識する。

腰痛・膝痛を軽くする
一本歯の高下駄で歩く

武術の体捌《さば》きを身につける簡単かつすぐれたアイテムのひとつに一本歯の高下駄がある。腰痛、膝痛の予防とリハビリにも役立つ〝御利益〟の多い履き物だ。

一本歯の高下駄の練習をすると、自然に武術的な身のこなし方ができるようになる。

◆ボディバランスを飛躍的に高められる

武術的な身のこなし方やバランス感覚は独習でも身につけられる。最も効果的な方法のひとつが、一本歯の高下駄を履くことだ。

一本歯の高下駄は、バランスを取りながら立つのが難しい。絶えず細かく揺れるため、手で釣り合いを取ろうとしても、間に合わずに倒れてしまうからだ。一本歯の高下駄で転ばずに立つ練習をすると、体幹部で素速くバランスを取る感覚を鍛えることができる。

まずは、樹木や壁づたいに立って歩くことからスタートだ。その際、転び方を必ず練習しておこ

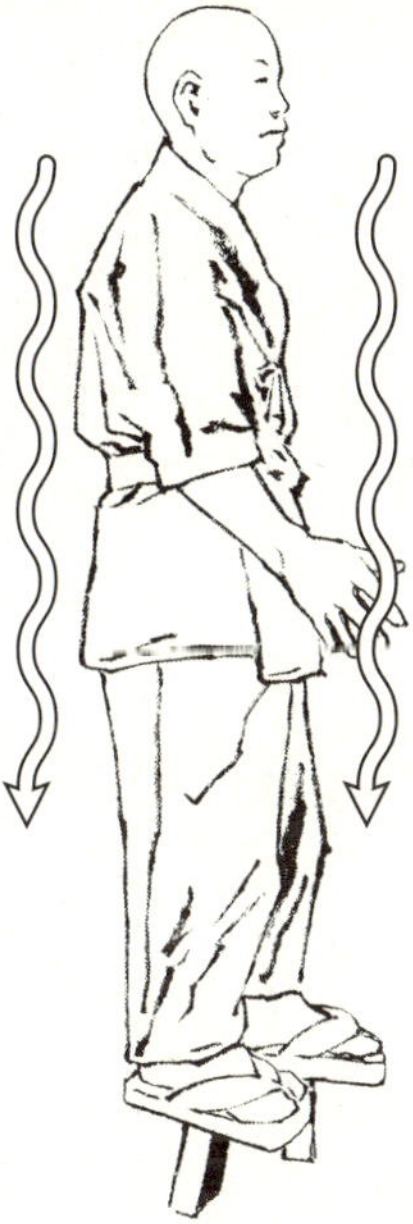

一本歯の高下駄で立つと、重心の位置が安定しないため、負荷も体の各部に拡散し、膝、腰などへの負担が軽くなる。

う。182〜185ページのような受け身の取り方は先に身につけておいたほうがいい。転び方を間違えると、思わぬケガをする。地面は草原や芝生が安全。転んだときに頭をぶつけるような障害物が周りにないか、よく確認しておこう。

どこにもつかまらずに歩けるようになり、倒れた際の受け身にも習熟してきたら、続いて、凸凹のある草原を歩いてみよう。そして次は、足場の悪い砂利道などに挑戦だ。平地でも一本歯の高下駄で走れるまでになったら、かなりハイレベルなボディバランスを身につけたと思っていい。スポーツでの動きのキレは、段違いに変わっているはずだ。

ちなみに、一本歯の高下駄で最も難しいのは、路面に凹凸のある坂道の下り。走って坂を下りられるようになったら、これはもう、達人の域だ。

◆履いて立つだけで腰痛、膝痛は改善する

一本歯の高下駄は、腰痛や膝痛の改善にも効果的だ。

普通に生活しているだけでも、腰や膝には、体重という負荷がかかっている。動作の反動もバカにできない。腰を痛めてから、いかに自分が腰を酷使しているかに気づいた人は多いだろう。腰痛や膝痛はひどくなると、それこそ何をやっても痛むものだ。

一本歯の高下駄を履くと、常に重心が不安定になり、体重の負荷が一カ所に集中で

きなくなる。すると、それまで腰や膝にかかっていた荷重は、他の部位にも分散するから、腰や膝への負担は軽くなる。そうなると次第に痛む箇所の組織も再生、強化していくから、一本歯の高下駄を脱いでも、腰、膝に感じる痛みが和らぐようになってくる。

一本歯の高下駄は、下駄を売っているところなら大抵は手に入ると思う。価格は数千円程度が相場。トレーニング器具としても、リハビリ機材としても、〝効能〟を考えるとコストパフォーマンスはかなりいいと思う。

一本歯の高下駄で走れるようになれば、かなりハイレベルな体の使い方ができる。

眠っている体の動きを呼び覚ましてリフレッシュ

武術の稽古をしていると、思ってもいなかった身体感覚との出会いがある。ここで紹介する操練法を試みると、新たな体の目覚めを感じるかもしれない。

体の動きに耳を澄ませてみよう。眠っている身体の各部が徐々に目覚めてくる。

◆肩、肘、手首などの動きを呼び覚ます

武術における身体操法の要点のひとつは、埋もれている身体感覚を呼び覚まして動きの幅を広げることにある。「武術として身につけるためには、本格的な練習が必要だし時間もかかるだろうから、そこまでやる気はないが、日常生活のなかで体をより効率よく使いたい」と考える人も多いと思う。

ここでは、日常生活では忘れがちな体の動きを呼び覚ます操練法を紹介しよう。

前ページの写真のように、正座で床に座り、両手の薬指、小指を絡めた状態で、手のひらを前に向けた姿勢を作る。そこから、指を絡めたまま手のひらを返して腕を持ち上げていく。ちょうど、両手の甲で目隠しをするような状態になった姿勢から、次第に指をほどいて、腕を回しながらはじめの姿勢に戻る。

目をつむり、手の動きに呼吸を合わせながら、意識を手首、肘、肩関節、肩胛骨の動きなどに集中して繰り返し、形を覚えたらそれを意識せずに行う。そうすると、眠っていた体の動きが目を覚ましてくるのを感じることができる。

神道などにも同じような動きで心身を練る行法があるが、紹介したこの操練法は、私が武術の研究を重ねていく間に、自然に発現してきたものだ。つけ加えて言えば、私の杖術はこの動きを立位で意識を抜いて行っているうち、自然と生まれたものであ

る。

その他、故足助次郎氏考案の、「退行性変化調整法」にある「後手合掌」も肘や手首の調整と、肩胛骨の自由度を高めるには有効だ。普通の合掌は胸の前で手を合わせるが、その場合と同じ手の向き、合わせ方で背中で合掌する。体が固い人は、初めてやると手のひらがピッタリつかないかも知れないが、毎日５分ずつでも続けてみると、体の変化に気がつくだろう。

テニスや野球など、手首や肘、肩に負担のかかるスポーツをしている人は、トレーニングのメニューに入れるといいと思う。

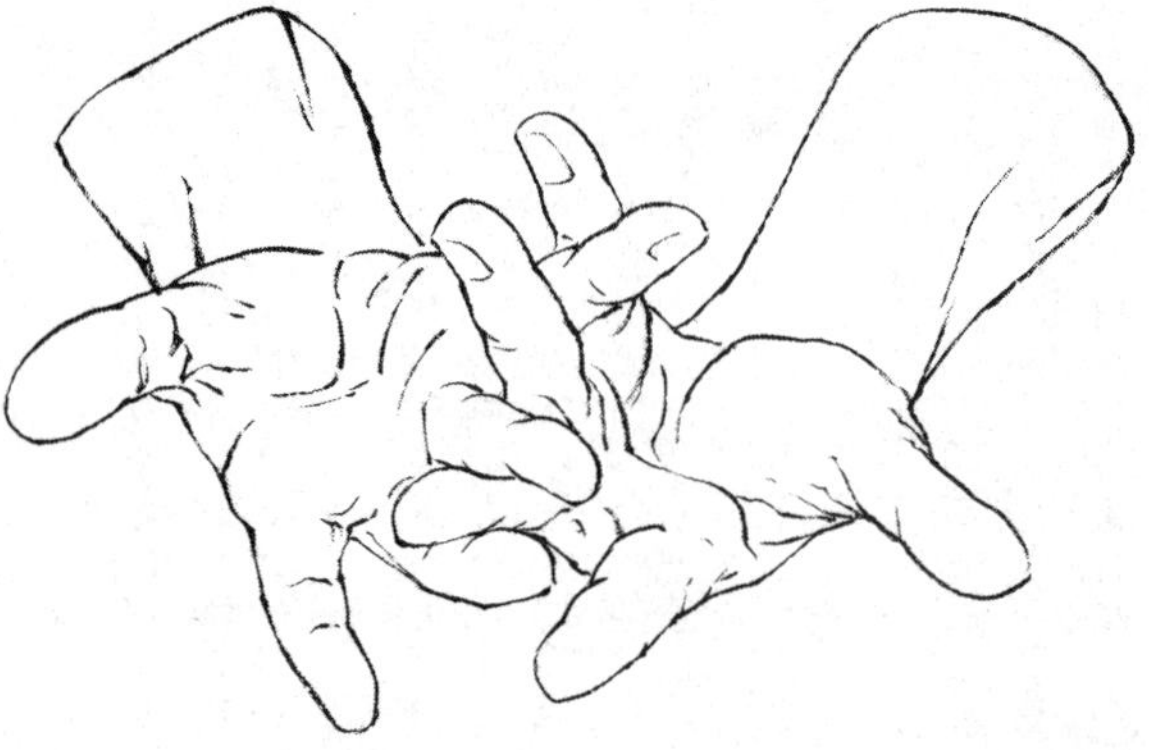

下腹の前で手のひらを上に、小指と人差し指を絡める。

体の動きを呼び覚ます 操練法

息を整えながら腕をゆっくり回す。動きに身を任せていると、体の奥から新しい動きが発現する。膝痛などで正座がつらいなら、立位で行ってもいい。

体を横たえたまま行う身体調整法

前ページでも紹介した、体の動きを呼び覚ます操練法は、自分の体に無理のないものを選んで続けることが大切。ここでは、寝た姿勢で行う身体調整の誘導法を紹介する。

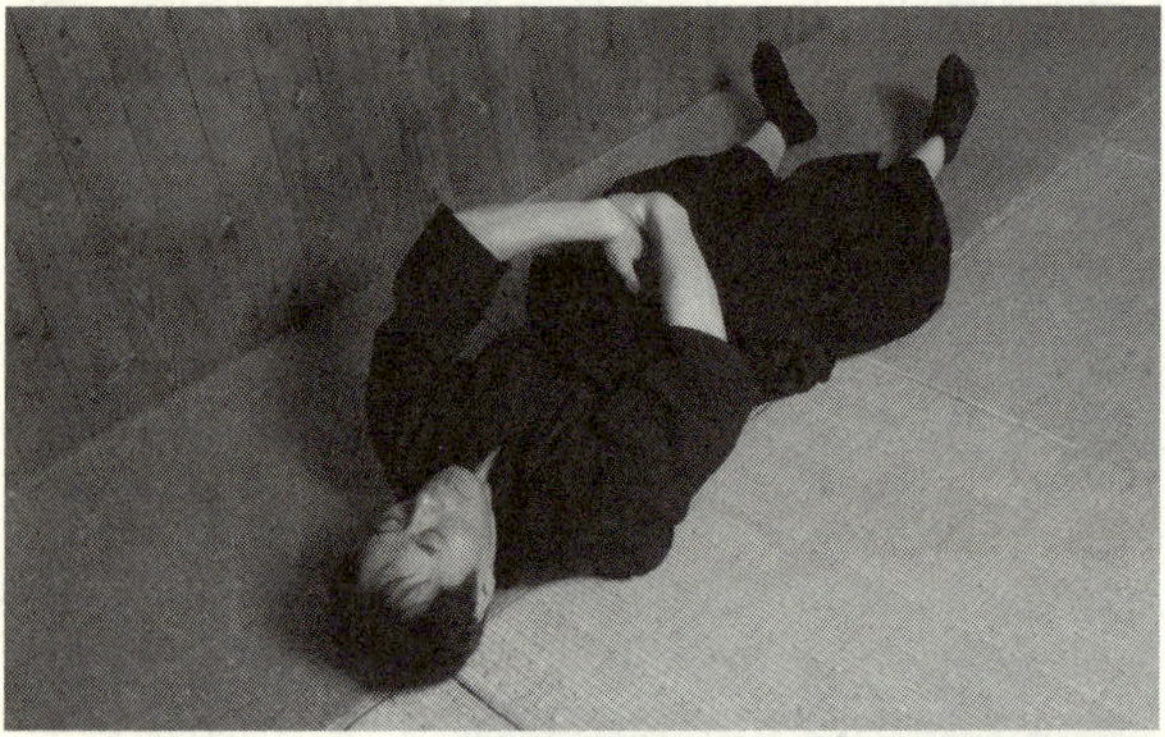

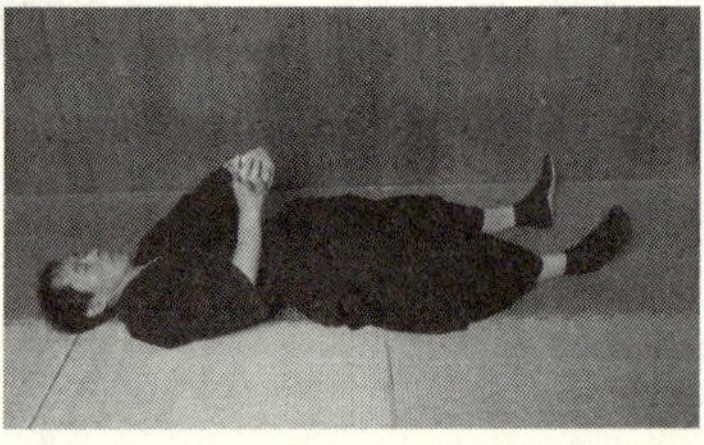

就寝前、起床後に行うよう習慣づけると効果的。つまったように感じる部分も無意識的にほぐされる。

◆筋肉の「つまり」をほぐし身体感覚を調整する

前項では坐った姿勢での操練法を紹介したが、四十肩、五十肩に悩む人たちには、少し負担が大きい動きだったかもしれない。しかし、姿勢にこだわる必要はないし、できる範囲ではじめればいいのだ。自分が楽にできる姿勢を探してみてほしい。

ここでは、寝たままで行う両腕の運動を紹介する。手の組み方は違うが、坐って行う操練法と同様に、身体感覚の調整に効果的だ。就寝前、起床直後などに試してみてはいかがだろうか。私の場合、ちょっと疲れたな、と感じているときは、この誘導方法を行うと動きが自然と出てくる。

普段運動をしていない人が初めて試すと、筋肉に何かがつまっているような違和感を覚えるはずだ。しかし、それにはかかわらず、身体の力を抜いて身体と向き合ってほしい。初めて行う人は、日常生活であまり使わない筋肉を意識する動きなだけに、軽い痛みを感じるかもしれない。しかし、あまり肩肘はらず、頭でいろいろ考えずに、身体の内側から訴えてくる動きを発現させるつもりになってほしい。

それまで眠っていた身体感覚に気づくきっかけになれば幸いだ。

寝た姿勢での両腕の運動

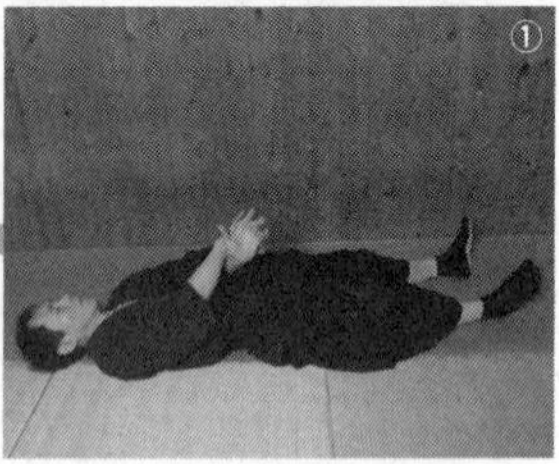

左手の甲に、右手のひらを上からかぶせる。この手の動きも故足助次郎氏の創案。

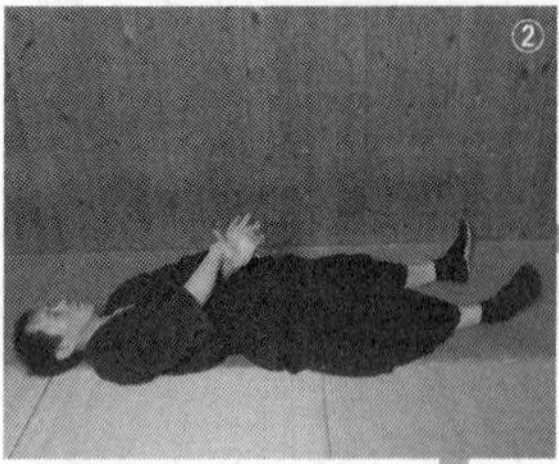

右手首を支点に、
8の字を書くように回転。

右手で左手を
コントロールするように、

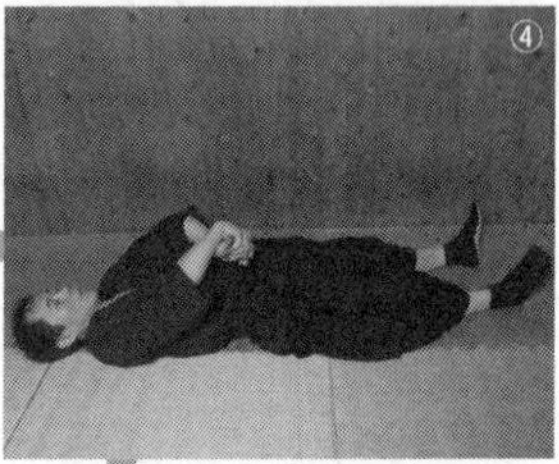

心地よさを感じる程度
の強さで伸ばす。

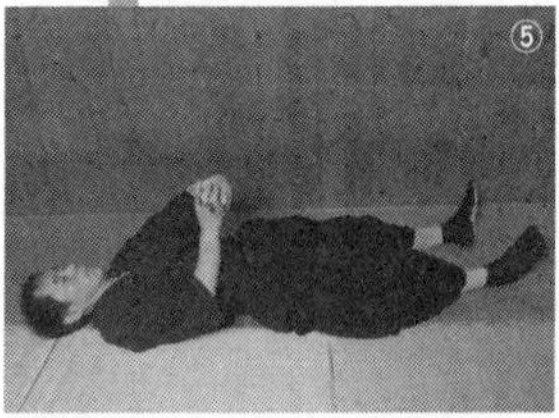

左右の手を逆にして
同じ動きを繰り返す。

左手の甲と右手のひらをぴったり
とつけるようにすると効果的。

呼吸の間の不思議

武術には昔から気合い（エイ、ヤア、トウなどの発声）がつきものだ。これは、息を吐く瞬間に最も大きい力を出せる、という人間の体の特性を利用したものである。しかし逆に、人間の体には、息を吸うその瞬間には力を入れにくくなる、という弱点も存在する。左上の写真は、その弱点を逆利用した技である。

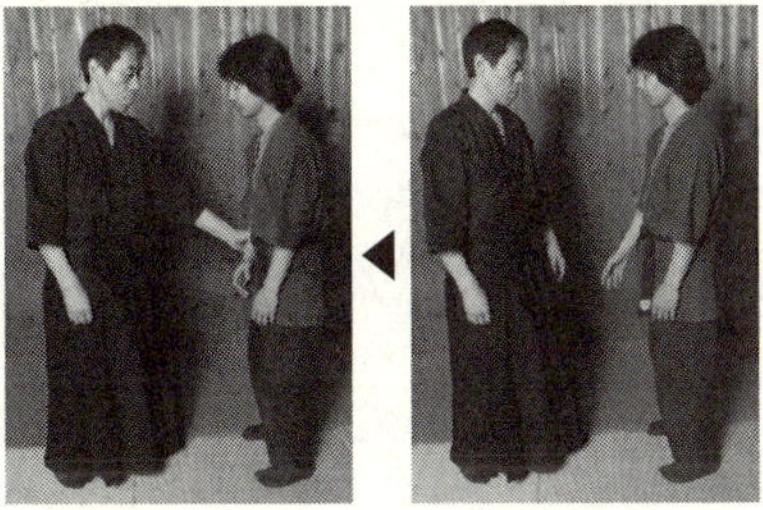

術者が相手の手をつかもうとするのに対し、相手はそれを避けるという設定だ。通常なら、素速くかわされるか、仮に術者が手をつかめたとしても、力づくで逃げられてしまうのがオチである。

つまり、巧妙に相手の呼吸の間を狙ってこそ、この技が実現するわけだが、相手の隙《すき》がなぜわかるのか。甲野氏はその理由をこう説明する。

「緊迫する交渉の場面をイメージしてみてほしい。特に1人対1人での交渉の場面である。このとき、常に相手の表情を伺い、一言一句聞き漏らさないようお互いをモニタしあう状態が生まれている。少しの気のゆるみで、一気に自分が不利に追いこまれると思えば、相手からできる限りの情報を得ようとするのは当然である——」

このようなときには、呼吸も自然と相手にシンクロすると甲野氏は言うのだ。つまり、自分が息を吸い始める瞬間、相手もまさに同じ状態にあるということ。前述の技であれば、自分が息を吸い始める瞬間に手を出せば、難なく技がかかるというわけである。ただ、この際、難しいのは、吸い始める瞬間、手を出すことに気持ちが捉われると、呼吸は止まるか吐く息になり、これでは相手に探知されてしまうということだ。

受け身を覚えて武術の感覚をやしなう

「自分の身を守る」受け身の動きを学ぶことで、体を間に合わせるという武術の感覚が身につく。ここでは、一人でも安全にできる受け身の練習法を紹介する。

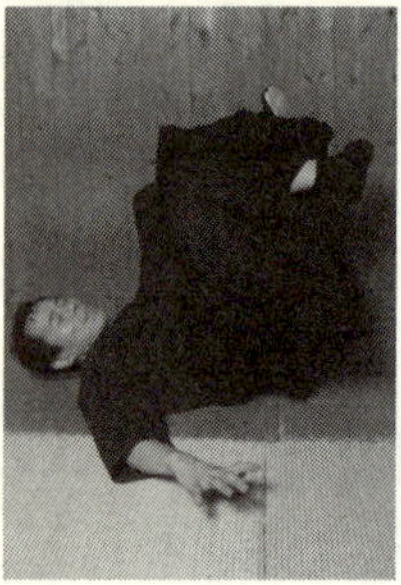

上達すると、自分の足でもう一方の足を払い飛ばすという一人稽古もできるようになる。

◆視線をへその辺りに移し後頭部を床から守って転がる

「身体を間に合わせる」という武術の動きの効用は、柔道でもおなじみの「受け身」にも端的に表れている。受け身とは、「いかに安全に転ぶか」を考えていくなかで生まれた技術だ。雪道で足をすべらせたときのような緊急時に、さして意識していなくても、瞬間的に身体の安全を確保するための動きである。雪道に限らず、日常的にそうした緊急の事態にでくわす危険はあるのだから、身につけておいて損はない。本来は教育機関で体育の最重要事項と見なされるべきものだと思う。しかし現状はまったくの手つかずなので、この練習は各自が自主的に取り組むべき身体操法の第一歩だ。

この受け身の練習を積むと、自然に「身体を間に合わせる」という武術的な感覚が磨かれてくる。とはいえ、よく知られた柔道の前方回転式の受け身は、一人で自宅で練習するには少し危険だし、練習スペースもある程度必要になる。そこで、自宅でもできる最もベーシックで応用範囲の広い受け身の型を紹介しようと思う。これは、今述べたようにもっとも身近な武術の身体操法でもある。

◆「身体を間に合わせる」感覚を磨く受け身の動き

まず、しゃがんで立て膝をついた姿勢をとり、そのままゆっくりと後ろに転がる。

たったこれだけの簡単な動きだ。ただ、安全のために注意してほしいのは、床に背中がついた瞬間に、しっかりとあごを引き、自分のへそのあたりに視線を移すよう心がけること。すると、自然と背中が丸まりスムーズに回転できるし、後頭部が持ち上がるので、頭を床に打ちつける危険を避けられる。丸いタイヤが地面を転がるような滑らかな動きをイメージして練習すると、上達が早い。これに慣れてから、左の写真で説明しているように、立った状態からの受け身の練習に移るといい。

受け身が身につき、不意の転倒の際にもケガをしないように体が動くようになっているかどうかは、自分の足でもう片方の足を払い飛ばすようにして倒れ込んでも受けを取れるかどうかで判断できる。一瞬、自分の体が宙に浮くため難度は高いが、これができれば一人前だ。前へ倒れかけた時でも体を反転させ、その状態にも瞬時に対応できる体になっているだろう。この、自分で自分の足を払い飛ばす受け身ができるようになるのをちょうどいい目標として、練習してほしい。

立った状態からの受け身

力を抜いて立った状態から、

右足を左足後方にすべらせながら膝を折り、

右足踵《かかと》のすぐ後ろのあたりに尻を落とし、そのまま後転。

背中を丸め、へそを見るようにすると後頭部を打たない。

心身を解き明かす〝武の技法〟

——あとがきにかえて——

私が研究し稽古している武術については、古武術という表現が一般的であるが、本来武術というのは自らの心身をより有効に使う攻防の技術であるから、その技法に古いとか新しいといった区分け自体、意味のないことである。したがって、私自身、自分のやっていることを古武術と積極的に言ったことは一度もなく、常に〝武術〟と言っている。なぜ〝武道〟と言わないかといえば、武の技法を明治以後〝武道〟と呼ぶようになってから、建前上の精神論が前面に出てしまい、具体的で精妙な武の技術、すなわち動きの質を追究した体の使い方が、いい加減に取り扱われるような傾向が強くなってきているように感じられるからである。そのため、自戒の意味から私は自ら行っている武の技法の探究を〝武道〟とは言わず、〝武術〟と呼んでいるのである。したがって、私が武術と言うのは、あくまでも私個人の事情であり、他からは武道と呼ばれても武術と呼ばれても、それはあまり気にならない。

以上のような理由から、私は私のやっていることを単に〝武術〟とのみ思っており、というより、もっと正確に言えば、武の術のための基礎研究を行っているに過ぎないわけで、古い日本伝統技芸をやっているという意識は皆無に近い。

では、なぜその実質的には創作武術とも言えるものが〝古武術〟と呼ばれるのかというと、武術や武道は一般に通用する概念として、現代武道か古武術（道）というふたつの分類しかなく、これに敢えて付け加えれば、前衛武道と呼ばれるものがあるくらいだからである。したがって私の場合、私の武術に使用する道具はもちろん、体の使い方も古伝の日本武術の解明・体現化を目指して研究・工夫しているため、古伝を慕う考古学的創作武術となるのであり、その結果、どう見ても現代武道とは分類できないので、消去法でみれば古武術になる、というわけである。

このことについて念を入れて書いたのは、最近私のことがいろいろと報道される際、「これが古武術だ」的に安易に私のやっている事を古武術と断定し、私が古武術を代表するかのごとき扱いを受けるからである。あらためてここで書いておくが、私は多くの古流武術と言われるもののなかで、わずかに数流派を学んだにすぎず、しかもその学んだ原型から、「かなり」という以上に私の研究段階で変形をさせてしまっており、これは古武術が型の伝承を何よりも貴ぶとしたら、全く私が古武術を名乗る資格はないということになるからである。

しかし、かつて古武術という言葉もなかった時代、ある流儀、またはいくつかの流儀を学んで、そこから自分の直感を得て新機軸を打ち出し、新しく流儀を創流した例はきわめて多かった。それがために、幕末は五百とも七百とも言われた剣術の流儀があったのである。今、この多くの流儀が江戸時代に旗上げしたことを、そのまま私の武術のスタイルに重ねるつもりはないが、若干似たところはあるかもしれない。ただ私の場合は、私がかつて学んだ流儀の体の使い方とかなり違った（ものによっては全く違ったと言ってもいい）動きを工夫し、現に実践し、更に人にも示しているが、これが何流と名づけるほどの確信をもって言えるものとは全く違い、常に手探りし、今の自分を否定して次に進もうとしており、したがって、これを新流儀とも言いがたいと思う。そのため、私は武術の稽古法を研究する会として「武術稽古研究会※」を主宰しているのだが、これは文字通り、武術の稽古法を研究している集りであり、段や級、あるいはそれに代わる位階、つまりランク付けを一切行っていない。これは、段や級などというものは、ある権威のある立場からみてどの程度かということを決める基準となっているからであり、私のように常に現在の自分を否定し、自分の未熟さに日々肩を落としているような者に、そのようなものが出せるはずがないからである。

したがって、私の会では級や段、あるいは目録や免許、または初伝、中伝、奥伝といった位階が全くないが、これは私が私のやっているものを武道と呼ばず武術と呼んでいるのと同じく、あくまでも私個人の事情にすぎない。

今回の本づくりでは、チームワークのとれた機動力のあるプロジェクトチームの編集スタッフと一緒に仕事を進めるという初めての体験で、最初は面食らったが充実感のある日々を過ごすことができた。したがって、一応私の本ということになっているが、これはスタッフが私の話や動きを材料にいろいろと工夫してまとめあげた私との共同作品であり、形の上では私が喋っているようになっているが、文章の書き口がいつもの私のものとはかなり違っていると思う。これは、より多くの人々に私の武術の技や理論、考え方をより分かりやすく伝える本にしたい、という出版社の強い要請があったからである。

今回の本づくりを通して、なるほど人間は一人では生きていないものだということを実感した。

この本の制作に関わった全ての方々と、私を今日まで導き力を貸してくださった全ての方々に感謝して、今回は筆を置きたいと思う。

※同会は2003年10月に解散（編集部注）

本書は二〇〇三年七月に小社より刊行した
TJMOOK『写真と図解　実践！今すぐできる　古武術で蘇えるカラダ』
に加筆・修正を行い改訂したものです。